T0337629

Transformative Partizipation

Herausgegeben von
Matthias Brunner
Maren Harnack
Natalie Heger
Hans Jürgen Schmitz

Transformative *Partizipation*

Strategien für den Siedlungsbau
der Nachkriegsmoderne

Herausgegeben von
Matthias Brunner
Maren Harnack
Natalie Heger
Hans Jürgen Schmitz

Einleitung

Matthias Brunner, Maren Harnack,
Natalie Heger, Hans Jürgen Schmitz

Ein nicht unerheblicher Teil der Bevölkerung Europas lebt in Siedlungen, die in der Nachkriegszeit (1945–1975) entstanden sind. In den kommenden Jahren werden viele davon von Veränderungen betroffen sein. Weshalb? Um den Grundsatz endlich umzusetzen, innerhalb des bestehenden Siedlungsgebietes weiterzubauen statt neue Baugebiete auszuweisen, ist die Raumplanung seit ein paar Jahren zunehmend bestrebt, die Siedlungen mit ihren oft großzügigen Freiflächen nachzuverdichten oder gar durch Neubauten zu ersetzen. Veränderungen der Zusammensetzung und des Verhaltens der Bewohnerschaft erzeugen ebenfalls Anpassungsbedarf. Weil die Bewohner*innen im Schnitt älter geworden sind, besteht eine erhöhte Nachfrage nach barrierefrei erschlossenen Kleinwohnungen. Die Zahl der schulpflichtigen Kinder und damit der Bedarf an Schulen hat vielerorts deutlich abgenommen. Gleichzeitig braucht es für die zunehmende Ganztagsbetreuung neue Räume. Siedlungszentren und Kirchen werden dem gewandelten Einkaufsverhalten und den neuen Formen der Religiosität oft nicht mehr gerecht. Auch die in die Jahre gekommene Gebäudesubstanz ruft nach Veränderungen. Zahlreiche Wohngebäude müssen modernisiert werden, um die aktuellen Normen des Wärme-, Brand- und Erdbebenschutzes zu erfüllen, und viele technische Installationen haben das Ende ihrer Lebenserwartung erreicht. Schließlich wandeln sich auch das soziale Gefüge, die Selbstwahrnehmung und der Ruf der Siedlungen.

 Das Forschungslabor Baukultur und Siedlungsbau der Nachkriegsmoderne an der Frankfurt University of Applied Sciences beschäftigt sich ganzheitlich mit diesem Wandel. In *Adaptive Re-Use. Strategies for Post-War Modernist Housing*[1] legte es den Fokus auf den baulichen Bestand, seine Bewahrung und seine Weiterentwicklung. In *Transformative Partizipation. Strategien für den Siedlungsbau der Nachkriegsmoderne* widmet es sich nun der Frage, wie die Menschen, die in diesen Siedlungen leben, den Wandel mitgestalten können.

1 Harnack, Maren/Heger, Natalie/Brunner, Matthias (Hg.): *Adaptive Re-Use. Strategies for Post-War Modernist Housing.* Berlin 2020.

Während beim Bau der Siedlungen die Bevölkerung und die künftigen Bewohner*innen kaum Gelegenheit erhielten, sich zu konkreten Planungsfragen zu äußern, sind heute Großprojekte ohne irgendeine Form von Beteiligung kaum noch realisierbar. Der Grund für die mangelnde Beteiligung war nicht etwa, dass sich die Planer*innen der Siedlungen nicht für das Wohlergehen der Bewohner*innen interessierten – das war eines der Hauptziele –, sondern dass sie glaubten, die Bedürfnisse der Bewohner*innen selbst am besten zu kennen. Zudem waren partizipative Verfahren noch kaum etabliert. Inzwischen kann unter vielen verschiedenen bewährten Partizipationsverfahren, auf die sich zahlreiche Partizipationsexpert*innen spezialisiert haben, gewählt werden. Bei einigen davon geht es darum, gemeinsam Lösungen zu entwickeln, bei anderen darum, einen bereits vorliegenden Vorschlag zu diskutieren, und bei wieder anderen darum, gegensätzliche Interessen auszuhandeln. Viele sind für zeitlich eng begrenzte Aktionen konzipiert, einzelne für eine dauerhafte Begleitung.

Partizipationsverfahren können viel Gutes bewirken, wenn gewisse Grundsätze eingehalten werden. Damit Partizipation nicht zu bloßer Beschwichtigung verkommt, muss es einen nennenswerten Gestaltungsspielraum geben. Gleichzeitig muss dieser Gestaltungsspielraum aber begrenzt werden, denn die an Partizipationsverfahren Teilnehmenden sind nicht legitimiert, Entscheidungen mit weitreichenden Folgen für die Allgemeinheit zu fällen, und seien diese bloß finanzieller Natur. Deshalb sind partizipative Verfahren oft besser geeignet, Projekte zu entwickeln, als über Projekte zu entscheiden. Möchte man solche Entscheide nicht den Institutionen der repräsentativen Demokratie (auf Stadtebene Stadtregierung und -parlament) überlassen, müssen direktdemokratische Instrumente gewählt werden.[2]

Partizipative Prozesse, die der Erarbeitung eines breit abgestützten Projektes dienen, sollten möglichst alle relevanten Akteur*innen einbeziehen. Dies sind in der Regel verschiedene Gruppen von Bewohner*innen, Eigentümer*innen, Behörden und Planer*innen. Bei Nachverdichtungsprojekten sind auch die Wohnungssuchenden dazuzuzählen. Dabei ist es wichtig, tatsächlich alle Gruppen zu erreichen, denn Bessergestellte sind oft eher bereit, ihre Zeit für ein partizipatives Projekt einzusetzen – in Darmstadt wurde diese Erfahrung schon in den 1970er-Jahren gemacht.

2 Beispielsweise stimmten 2015 die Bürger*innen der Stadt Freiburg im Breisgau über den Grundsatzentscheid ab, ob der neue Stadtteil Dietenbach entwickelt oder ob auf die damit verbundene Bebauung neuer Flächen verzichtet werden soll. Es wurde sowohl das nötige Quorum erreicht als auch ein deutliches Votum für den neuen Stadtteil abgegeben.

Teilnehmer*innen, die viel Zeit und Engagement in konkrete Projekte investiert haben, erwarten, dass danach auch etwas passiert – und sei es nur, dass ihr Projekt einem demokratischen Gremium oder der lokalen Öffentlichkeit zur Entscheidung vorgelegt wird. Sie werden frustriert sein, wenn Politik oder Verwaltung einen Partizipationsprozess initiieren, dann aber die Resultate ignorieren. Auch wird es kaum gelingen, Teilnehmer*innen zu vermitteln, dass Debatten abgebrochen werden müssen oder Partizipationsergebnisse nicht berücksichtigt werden können, weil äußere Rahmenbedingungen, die nicht beeinflusst werden können, dies auf einmal erfordern. Menschen, die einmal eine derartige Erfahrung gemacht haben, werden sich in Zukunft genau überlegen, ob sie bereit sind, an weiteren partizipativen Verfahren teilzunehmen – die Partizipationskultur leidet.

Daraus darf man nun keineswegs schließen, dass nur Partizipationsprojekte in Angriff genommen werden sollten, die konkrete, baulich-räumliche, Resultate anstreben. Entscheidend ist, dass allen Beteiligten klar ist, worum es geht. So ist es durchaus angemessen, ja geboten, von Kunstprojekten keine sofortigen konkreten Veränderungen zu erwarten, denn dadurch würden Offenheit und Freiheit der Kunst kompromittiert. Es ist wahrscheinlich, dass sie langfristig trotzdem eine nicht zu vernachlässigende, wenn auch nur schwer messbare Wirkung entfalten.

Wegen ihrer größeren Unabhängigkeit und weil sie nicht dazu verpflichtet sind, umsetzbare Lösungen zu erarbeiten, sind künstlerische Projekte oft in der Lage, neue, unvoreingenommene Blicke auf Probleme und Potenziale zu werfen, neue Wege zu eröffnen und Impulse zu setzen. Dadurch verändern sie nicht selten die Wahrnehmung von Siedlungen unter den Bewohner*innen und in der Öffentlichkeit. Hierzu versammelt dieser Band eine ganze Reihe von Beispielen, etwa aus München, Leipzig oder Darmstadt.

Dieses Buch präsentiert die Beiträge der vom Forschungslabor Nachkriegsmoderne organisierten Tagung „Transformative Partizipation. Strategien für den Siedlungsbau der Nachkriegsmoderne", die am 12. März 2021 stattfand. Hier kamen verschiedenste Partizipationsexpert*innen zu Wort, nicht aber Bewohner*innen. Das entsprach nicht den Intentionen der Veranstalter*innen, sondern war der Corona-Pandemie geschuldet, die ein geplantes Treffen mit den Laiendarsteller*innen von *Kranichstein represent*, die weitgehend Bewohner*innen der Siedlung Darmstadt-Kranichstein sind, unmöglich machte.

Dieses Buch bildet ein breites Spektrum von Beteiligungsprojek-
ten für Großwohnsiedlungen der Nachkriegszeit aus Deutschland
und Österreich ab und versucht sie einzuordnen. Vortragende
aus Architektur, Stadtplanung, Soziologie, Geschichtswissen-
schaft und Kunst erläutern anhand konkreter Fallbeispiele aktuelle und historische Formen der Partizipation. Sie fragen, welche
Ideen und Ziele die jeweiligen Formate prägten, welche Institutionen daran beteiligt waren und welche Strukturen entstanden. Ein
besonderer Schwerpunkt wird dabei auf künstlerische Formate
der Partizipation gelegt und deren Potenzial, Reflexionsprozesse
über Identität und Image der Siedlungen in Gang zu bringen und
so langfristig zu ihrer Transformation beizutragen. Ziel der Publikation ist es, die Weiterentwicklung partizipativer Konzepte zu
unterstützen, ihre Verbreitung zu fördern und ihre Verankerung
in der Praxis zu festigen.

Zuerst werden zwei historische Partizipationsexperi-
mente vorgestellt. Nina Gribat analysiert, wie neue partizipative
Planungsansätze etabliert wurden, als Studierende und andere
Aktivist*innen Ende der 1960er- und Anfang der 1970er-Jahre ins
Märkische Viertel (Berlin) gingen, um die Bewohner*innen beim
Kampf für eine konkrete Verbesserung ihrer Wohn- und Lebensbedingungen zu unterstützen, sie dazu zu bewegen, eigene Projekte zu initiieren, und um zu ihrer Emanzipation beizutragen. Sie
plädiert dafür, die aktuelle, fest etablierte Beteiligungskultur am
damaligen Traum einer radikalen Transformation durch Partizipation zu messen und Planung nicht als technokratischen, sondern
wie damals als politischen Prozess zu begreifen.

Swenja Hoschek diskutiert, welche Erwartungen mit der
Anwaltsplanung verknüpft wurden, als diese 1972 in Darmstadt
eingeführt wurde, um den Konflikt um den Bau des Einkaufszentrums und des zweiten Bauabschnitts der Siedlung Kranichstein
zu lösen. Sie zeigt, dass nicht alle Erwartungen erfüllt werden
konnten, weil die Ziele der maßgebenden Akteur*innen nur teilweise übereinstimmten. So gelang es zwar, die Pläne im Sinne
der Bewohner*innen zu modifizieren, die weitere Planung durch
die Mitarbeit der vorher protestierenden Bürgerinitiative besser
zu legitimieren und das Planungsverfahren durch den Abbau
gewisser Informationsasymmetrien etwas zu demokratisieren.
Aber marginalisierte Bevölkerungsgruppen wurden kaum beteiligt, die Stadtplanung erschien nicht in wesentlich positiverem
Licht und die grundsätzlichen Vorbehalte gegen die Planungen
der Stadtverwaltung konnten nicht ausgeräumt werden.

1 Quartiersteppich aus Holzfliesen in Darmstadt-Kranichstein, 2019.

Es folgt eine Reihe von partizipativen Projekten, die von oder gemeinsam mit Künstler*innen konzipiert und durchgeführt wurden. Paul Rajakovics erläutert den „direkten Urbanismus", ein Konzept für widerständige, partizipative und kontextbezogene Interventionen im Sozialraum, das er mit Barbara Holub entwickelt hat. Anhand von zwei konkreten Projekten führt er aus, wie sein Team zusammen mit den Bewohner*innen eine gemeinschaftsorientierte soziale Entwicklung anstoßen will, die ein Gegengewicht zur kommerzialisierten Planung setzt.

Daniel Theiler präsentiert das Grünau Golf Resort, das für die Dauer eines Festivals Leipzig-Grünau, eine der größten Plattenbausiedlungen der DDR, in ein Golfresort verwandelte. Indem er eine Siedlung, die häufig als sozialer Brennpunkt wahrgenommen wird, mit dem in der DDR als kapitalistischer Luxus verpönten Golfsport in spielerischer Weise konfrontierte, provozierte er eine Reflexion über den Status der Siedlung. Bei zahlreichen Veranstaltungen begegneten sich Bewohner*innen und Außenstehende und kamen miteinander ins Gespräch.

Pia Lanzinger stellt die *Zeitkapsel Hasenbergl* vor, ein Projekt über das kollektive Gedächtnis der Münchner Großsiedlung Hasenbergl. Damit gelang es ihr, das Leben in dieser Siedlung aus der Innenperspektive zu zeigen und so eine Alternative zu den oft negativen Darstellungen in der Presse und Öffentlichkeit zu schaffen. Sie nahm den Verlust der ursprünglichen Zeitkapsel von 1960 zum Anlass, eine neue Kapsel mit 70 Zeitzeugeninterviews, die jeweils von einem selbst erlebten Ereignis aus der Geschichte des Hasenbergels handeln, zu befüllen und in einer feierlichen Zeremonie einzumauern. Über eine eigene Website und ein umfangreiches Begleitprogramm haben sich die Berichte weit verbreitet.

Volker Schmidt berichtet über das partizipative Theaterprojekt *Kranichstein represent*, das er als Autor und Regisseur zusammen mit dem Staatstheater Darmstadt und Laiendarsteller*innen aus der Siedlung Darmstadt-Kranichstein erarbeitete und vor Ort als Stationentheaterstück aufführte. Das Stück thematisiert das Leben in der Siedlung und ihren schlechten Ruf. Dabei setzt es nicht auf strengen Realismus, sondern überhöht die Realität mit fantastischen Szenen, in denen beispielsweise auch der Planer der Siedlung, Ernst May, und die Landgräfin Karoline von Hessen-Darmstadt, eine wichtige Figur der europäischen Aufklärung, auftreten.

Ragna Körby fragt, was partizipative Kunstprojekte in Großwohnsiedlungen bewirken können. Sie betont, dass solche Projekte
neue Bilder schaffen und neue Geschichten erzählen können, die
die etablierten, oft negativen ergänzen und überlagern; dass sie
ein Publikum in die Siedlungen bringen können, welches diese
noch nicht aus eigener Anschauung kennt; und dass sie aufzei-
gen können, wie man spezifische Orte der Siedlungen anders
interpretieren und anders nutzen könnte. Sie plädiert dafür, dass
Kunstprojekte in Großwohnsiedlungen ressortübergreifend ver-
ankert und in geeigneter Form institutionalisiert werden.

Zuletzt werden neuere Partizipationsprojekte aus einem
Spektrum vorgestellt, das von der Gemeinwesenarbeit über die
bauliche Erneuerung bis hin zur Nachverdichtung reicht. Weil aus
der Sicht der Herausgeber*innen Konzepte und Prozesse ebenso
interessant sind wie ihre Umsetzung, werden auch Projekte diskutiert, die trotz des oftmals großen Engagements der Akteur*innen
die selbstgesteckten Ziele nicht komplett erreicht haben.

Sigrun Kabisch erläutert die einzigartige soziologische
Langzeitstudie, mit der Leipzig-Grünau, eine der größten ostdeutschen Großwohnsiedlungen, seit 1979, als die ersten Mieter*innen eingezogen waren, untersucht wird. Einerseits ist die
Teilnahme an der Studie selbst ein Akt der Partizipation, andererseits zeigt die Studie konkret das Engagement der Bewohner*innen für ihren Stadtteil. Diese sind vor allem dann bereit,
sich an partizipativen Projekten zu beteiligen, wenn klare Ziele
definiert sind und sich in absehbarer Zeit konkrete Erfolge ein-
stellen können.

Andrea Jany schildert die Partizipationsprozesse in der
Grazer Terrassenhaussiedlung St. Peter. Da hier Eigentumswohnungen gebaut wurden, konnte eine strukturalistische
Vorstellung von Partizipation verwirklicht werden: Das von den
Architekten entworfene System eröffnete den künftigen Bewohner*innen bei der Gestaltung der Grundrisse und der Fassade
einen großen Spielraum, damit sich diese eine ihren individuellen
Bedürfnissen und ihrer Persönlichkeit entsprechende Wohnung
entwerfen konnten. Als 40 Jahre später ein Modernisierungsleitfaden erarbeitet wurde, knüpfte man an diese partizipative
Tradition an und beteiligte die Bewohner*innen erneut.

Arvid Krüger evaluiert das Kirchplatzprojekt in der Berliner Großwohnsiedlung Neu-Hohenschönhausen. Dieses
Projekt wollte Bevölkerungsgruppen miteinander in Kontakt
bringen, den Platz eines Nebenzentrums beleben und den

Vermietungsschwierigkeiten der benachbarten Ladenzeilen entgegenwirken. Mit einer Vielzahl von niederschwellig zugänglichen Aktivitäten wie *Urban Gardening*, Bastel- und Malaktionen, Teenachmittagen und einem großen Quartiersfest ist es zwar nicht ganz gelungen, die verschiedenen Bevölkerungsgruppen miteinander zu verschmelzen. Aus gegenwärtiger Perspektive ist aber schon als Erfolg zu betrachten, ein friedvolles, tolerantes Nebeneinander angeregt zu haben.

Peter Weigand berichtet, wie umschichten und Urban Catalyst einen Beteiligungsprozess für die organisierte Aneignung von drei Plätzen in der Kölner Siedlung Chorweiler gestalteten. Nach zahlreichen einführenden Veranstaltungen verbrachten die Partizipationsspezialist*innen eine Woche lang beinahe Tag und Nacht vor Ort und entwickelten gemeinsam mit den Bewohner*innen Vorschläge für die Nutzung der Plätze, die sie sogleich miteinander im Maßstab 1:1 ausprobierten. So gelang es ihnen, besonders viele Bewohner*innen zu erreichen. Allerdings konnten die Ergebnisse nicht richtig umgesetzt werden, weil Zeitvorgaben für EU-Fördergelder eingehalten werden mussten.

Bernd Hunger schließlich betrachtet Partizipationsprozesse vornehmlich aus der Perspektive der Wohnungsunternehmen. Weil die wirtschaftlichen, kulturellen und ethnischen Differenzen und damit auch die Interessengegensätze zwischen verschiedenen Mietergruppen zugenommen haben, ist es schwieriger geworden, einvernehmliche Lösungen zu finden. Zudem läuft Partizipation Gefahr, Partikularinteressen durchzusetzen, die den Mehrheitsinteressen – und den legitimen Interessen von noch nicht unmittelbar Beteiligten, insbesondere von Wohnungssuchenden – zuwiderlaufen.

Wir möchten allen Personen und Institutionen, die diese Publikation durch ihre Unterstützung möglich gemacht haben, ganz herzlich danken. Zuerst einmal den Referent*innen und Teilnehmer*innen für ihre stimulierenden Beiträge und ihre intellektuelle Neugier. Dann Ruth Schlögl für ihre stets engagierte Koordination. Weiter den Mitarbeiter*innen des Verlages jovis und der freien Lektorin Miriam Seifert-Waibel für ihre akribische Arbeit sowie Daniel Wittner für das gelungene Layout. Last but not least der Frankfurt UAS und ihrem Fachbereich 1 Architektur • Bauingenieurwesen • Geomatik für die günstigen Rahmenbedingungen und die Finanzierung von Forschungslabor, Tagung und Publikation.

Partizipationsforderungen und -ansätze im Kontext der Kritik am westdeutschen Großwohnsiedlungsbau in den 1960er- und 1970er-Jahren
Der Fall des Märkischen Viertels, Berlin

Nina Gribat

Am westdeutschen Großwohnsiedlungsbau wurde schon in den 1960er- und 1970er-Jahren Kritik geübt, als viele Siedlungen noch in Bau waren. Zwei Stränge dieser frühen Kritik lassen sich unterscheiden: revolutionäre Ansätze, die anhand der Großwohnsiedlungen das kapitalistische System und seine städtebaulichen Auswüchse infrage stellten und die Bewohner*innen für den marxistisch-leninistischen Klassenkampf mobilisieren wollten; und reformerische Ansätze, die vor allem an der konkreten Verbesserung der Lebensqualität der Einwohner*innen interessiert waren. Mit einem Fokus auf Letztere analysiert dieser Beitrag die frühen und teils als mühsam empfundenen Versuche von Studierenden und anderen Aktivist*innen, mittels partizipativer Methoden im Märkischen Viertel (MV) in Berlin gemeinsam mit den Bewohner*innen für bessere Wohn- und Lebensbedingungen zu kämpfen und diese zum Teil auch selbst zu schaffen.[1]

Konfliktreiche Stadtteilarbeit mit Bewohner*innen des Märkischen Viertels

Ende der 1960er- und Anfang der 1970er-Jahre begaben sich verschiedene Studierendengruppen aus dem Fachbereich Architektur der Technischen Universität und der Pädagogischen Hochschule – organisiert in sogenannten Basisgruppen

1 In diesem Beitrag verbinde ich die Argumentationslinien von drei bereits erschienenen Publikationen neu: Gribat, Nina: „Grabenkämpfe um die Kritik am funktionellen Städtebau um 1968. Sozialpsychologische Reformist_innen und marxistische Revoluzzer_innen". In: *sub\urban*. Nr. 2/3/2018, Jg. 6, S. 181–188; Gribat, Nina/ Lutz, Manuel: „Planung und Partizipation. Zwischen Emanzipation, Kollaboration und Vereinnahmung". In: Vogelpohl, Anne, et al. (Hg.): *Raumproduktionen II. Theoretische Kontroversen und politische Auseinandersetzungen.* Münster 2018, S. 81–99; Gribat, Nina (26.01.2021): „Stadt für wen? Städtebau, Gemeinwohl und Beteiligung". In: *Friends of Marlowes*, https://www.marlowes.de/ stadt-fuer-wen/ (letzter Zugriff: 15.05.2021).

– in Berliner Stadtviertel, unter anderem in die damals gerade fertiggestellte Berliner Großwohnsiedlung Märkisches Viertel. Sie wollten die Mieter*innen bei der Vertretung ihrer Interessen unterstützen. Darunter verstanden sie die Durchsetzung günstigerer Mieten, angepasst an die geringen Einkommen der meist der Arbeiterschaft zugehörigen Mieter*innen; den Bau von Spielplätzen und die Einrichtung von mehr Kinderbetreuungsmöglichkeiten; die schnellere Anbindung an den ÖPNV; die bessere Versorgung mit Ärzt*innen und günstigen Lebensmitteln.

Die Studierenden begriffen ihr Engagement als Stadtteilarbeit (einer Arbeit an der Basis – von daher auch der damals gängige Name Basisgruppe), was unter anderem auch Ausdruck eines anderen Planungsverständnisses war – sie planten nicht mehr *für* sondern *mit* den Bewohner*innen vor Ort. Es entwickelte sich eine ganze Reihe von Projekten und Gremien, in denen sich die Studierenden und Bewohner*innen selbst basisdemokratisch organisierten. Dazu zählten der Abenteuerspielplatz (ASP, seit 1967), die *Märkische Viertel Zeitung* (MVZ, von 1969 bis 1973) und die Medienarbeit (Kino, Filmprojekte und andere). Diese Projekte wurden alle in gemeinsam von Studierenden und Bewohner*innen herausgegeben Publikationen reflektiert.[2] Außerdem wurden mit dem Mieterrat und anderen Gremien neue Formen der Interessensvertretung der Mieter*innen etabliert. Obwohl die verschiedenen Initiativen viel Bleibendes schufen (so zum Beispiel den Abenteuerspielplatz) und damals viel Aufmerksamkeit erregten (siehe zum Beispiel die zahlreichen Publikationen), gestaltete sich die Zusammenarbeit zwischen den Engagierten von außen und den Bewohner*innen schwierig.

Für die Bewohner*innen war das Engagement in der Stadtteilarbeit eine Gratwanderung zwischen dem marxistischen Jargon und dem teils überbordenden Ego der Studierenden, dem Streben nach der Verbesserung der eigenen Lebensverhältnisse und der Selbstermächtigung. Zudem erforderte es eine große Beharrlichkeit nahe der Selbstausbeutung.[3] Für die Studierenden, die neben den oben beschriebenen Zielen auch eine Emanzipation der Bewohner*innen erreichen wollten, war es oft nicht nachvollziehbar, dass nur wenige Bewohner*innen bereit waren, sich für ihre eigenen Belange zu engagieren, und es häufig zu Konflikten kam.

Die Studierenden waren insgesamt uneins, wie sie die Bewohner*innen unterstützen konnten. Manche kritisierten den kapitalistischen Städtebau und hofften auf eine proletarische

2 Vgl. Autorengruppe Abenteuerspielplatz Märkisches Viertel (Hg.): *Abenteuerspielplatz. Wo verbieten verboten ist. Experiment und Erfahrung.* Reinbek 1973; Autorengruppe „Märkische Viertel Zeitung" (Hg.): *Stadtteilzeitung. Dokumente und Analysen zur Stadtteilarbeit.* Reinbek 1974; Drechsler, Michael: *Selbstorganisierte Medienarbeit in basisdemokratischen Initiativen. Die Filmprojekte im Märkischen Viertel Berlin.* Berlin 1980.

3 Vgl. Betroffene des Märkischen Viertels (Hg.): *„Jetzt reden wir". Wohnste sozial, haste die Qual. Mühsamer Weg zur Solidarisierung.* Reinbek 1975.

1 Abenteuerspielplatz Märkisches Viertel.

Revolution. Andere machten pragmatischere Reform- und Anpassungsvorschläge, die sich in neuen planerischen Ansätzen und Prozessen ausdrückten. Im weiteren Verlauf setzten sich in der Stadtteilarbeit die pragmatischen Reformansätze durch. Es kam zu verschiedenen Experimenten einer Planung „von unten". In Selbsthilfeprojekten wurden diverse Ansätze der Bewohnerbeteiligung erprobt, die damals auch in konzeptueller Hinsicht noch kaum bekannt waren.[4]

Beteiligungserwartungen in der Planung zwischen (Selbst-)Ermächtigung und Einhegung

Schon die frühen planungstheoretischen Publikationen zur Beteiligung wie Sherry R. Arnsteins „Ladder of Citizen Participation"[5] und Paul Davidoffs „Advocacy and Pluralism in Planning"[6] gehen davon aus, dass es unterschiedliche Grade von Beteiligung gibt und dass gesellschaftliche (Macht-)Verhältnisse

4 Einzelne Konzepte wie die Anwaltsplanung – bei der Fachvertreter*innen benachteiligte Gruppen bei der Durchsetzung ihrer Belange gegen die institutionalisierte Planung unterstützten – wurden durch erste Veröffentlichungen von Übersetzungen gerade erst bekannt (vgl. z.B. ARCH+. Nr. 8/1969; Nr. 9/1970; Nr. 10/1970).

5 Arnstein, Sherry R.: „A Ladder of Citizen Participation". In: *Journal of the American Institute of Planners*. Nr. 4/1969, Jg. 35, S. 216–224.

6 Davidoff, Paul: „Advocacy and Pluralism in Planning". In: *Journal of the American Institute of Planners*. Nr. 4/1965, Jg. 31, S. 331–338.

verhindern, dass marginalisierte Gruppen bei Entscheidungen, die sie betreffen, angehört werden beziehungsweise diese mittragen oder selbst treffen. Die studentisch initiierten Projekte im Märkischen Viertel, zum Beispiel die *Märkische Viertel Zeitung*, waren von dem Anspruch getrieben, etwas hervorzubringen, das „von den Bewohnern für die Bewohner des Märkischen Viertels gemacht wird."[7] Die Studierenden sahen ihre Rolle vor allem darin, verschiedene Projekte, die von den Bewohner*innen selbstständig weitergeführt werden sollten, anzuschieben. Insgesamt sollten die Bewohner*innen durch die Stadtteilarbeit nicht nur ihre Bedürfnisse besser erfüllt bekommen, sondern gleichzeitig zu mündigeren Bürger*innen werden. Die Machtverhältnisse sollten sich so ändern, dass die Bürger*innen die sie betreffenden Belange selbst mitgestalten können. Diese hehren Vorstellungen ließen sich in der Stadtteilarbeit im Märkischen Viertel in den 1960er- und 1970er-Jahren nur selten umsetzen.

Immerhin wurden die Schwierigkeiten, die sich bei der Zusammenarbeit von Studierenden und Bewohner*innen ergaben, gemeinsam analysiert. Zum Beispiel wurden die unterschiedlichen Folgen der gemeinsamen Arbeit thematisiert. Für die Bewohner*innen ging es um existenzielle Fragen wie den Verlust der Wohnung oder des Arbeitsplatzes, während das Engagement für die Studierenden in jedem Fall auch positive Nebeneffekte wie das Bestehen von Universitätskursen und verbesserte Karrierechancen hatte.[8] Außerdem wurde bemerkt, dass sich die Studierenden entziehen konnten, wenn es einmal kompliziert wurde, während es für die Bewohner*innen diese Möglichkeit nicht gab.[9] Die Studierenden waren durchaus selbstkritisch:

> „Der Anspruch, materialistische Gesellschaftsanalyse zu betreiben und nur Theorien, Informationen, Fakten anzuhäufen, bleibt solange linke Luxushaltung, als die unmittelbar Betroffenen nicht dadurch einen anwendbaren Gebrauchswert in die Hände bekommen. Auf das Märkische Viertel bezogen, heißt das: verständlich gemachtes Informationsmaterial für Aufklärungsaktionen, Hilfestellung zur Abwehr von Drangsalierungen durch Institutionen. [...] Diese Theorie- und Informationslosigkeit, die mangelnde Verbindung von Universität und Stadtteil, hat die politische Entwicklung im Märkischen Viertel schwach gelassen. Der zunehmende ‚Durchblick' der Märkische-Viertel-Betroffenen entsprach einem

7 Autorengruppe „Märkische Viertel Zeitung" 1974, S. 63.

8 „Hans Rickmann (1971): ‚Die rahmen ab mit dem materiellen *und* mit dem ideellen Wert, wat se mit uns machn – die haben doch ooch not det Renomee hinterher, womit se weiterkommen.'" (Betroffene des Märkischen Viertels 1975, S. 79.)

9 „Irene R.: ‚Das is ja, was ich immer den Intellektuellen und den Studentn zum Vorwurf mache, die fahrn mal eben kurz wo weg. Also wenns denen zu hoch kommt, dann schmeißnse hin die Brockn und setzn sich in ihren alten Kuff, und weiß der Teufel, um mal den ganzn Dreck hinter sich zu lassn. Und das is auch son Punkt – das könn wir nich! *Wir müssn hier häng bleibn*, aus! Wir könn uns dem Problem nich entziehn, und das könn *die* immer noch! Wenns dicke kam, warn die einfach übernacht verschwundn, nich? Weg warnse! *Die ham nich ausgehaltn.* Und das is etwas, was ich ihnen echt zum Vorwurf mache. Aber andrerseits groß krähn und uns erzähln wolln, *wie wir* wat zu machen haben.'" (Ebd., S. 139.)

MVZ

Märkische Viertel Zeitung

Impressum: MVZ im FORUM MV, Wilhelmsruher Damm 192 Tel. 415 58 28/ Postfach 464 Arbeitskreis Mieten und Wohnen im MV, ▬▬▬▬ Constantin Bartning, Helme Ebert, FilmergruppeMV, Uwe Glunts, Volker Gruner, Marlis Gosch, Angelika u. Norbert Günther, Horst Lange, Günter Jeske, Volkhart Paris, Hans Rickmann, Harald u. Margareta Richter/ REPRO U. DRUCK: AGITDRUCK, Bln.37

OKTOBER Nr 8/70

Inhalt:

PREIS 0,30 Auflage 3 000

BANKKONTO: Berliner Diskonto Bank 693/5555 Sonderkonto MVZ

KAMPF DEN MIETERHÖHUNGEN

IHRE MIETE

2 Titelseite *Märkische Viertel Zeitung.* Nr. 8, 1970.

3 Cover des Bandes *jetzt reden wir.*

mangelnden ‚Durchblick' an den Universitäten, das heißt einer mangelnden Bereitschaft, wissenschaftliche Arbeiten mit politischer Praxis zu verbinden."[10]

10 Ebd., S. 38–39.

Aber selbst wenn die Studierenden gemeinsam mit den Bewohner*innen im Märkischen Viertel arbeiteten, kam es zu Konflikten, wie der Arbeiter Hans Rickmann, der 1970 im Arbeitskreis „Mieten und Wohnen" aktiv war, feststellte:

> „Anfangs war es für uns ein Erfolgserlebnis, gemeinsam mit Gleichgesinnten etwas gegen unsere Misere zu tun. Aber nach kurzer Zeit hatte ich das Gefühl, dort in einem friedlichen ‚Diskussionskreis' und nicht in einem ‚Arbeitskreis' zu sein. [...] Die für das MV verantwortlichen Bezirksamtsvertreter waren bemüht, keinerlei Proteste oder radikale Aktionen aufkommen zu lassen. Sie erschlugen uns mit Zahlen, Daten und Versprechungen. Man ließ mit gesetzten und kultivierten Redeformen die Bewohner in dauernder Unklarheit. [...] Es war eine klare Befriedungstaktik seitens der Verantwortlichen. [...] Es wäre falsch, die Studenten auf Grund ihres häufigeren Fehlverhaltens oder ihrer Fehleinschätzungen gegenüber den Bewohnern, deren Lebensform und Ansprüche zu verurteilen. Ich selbst war immer der Meinung – und bin heute noch der Ansicht –, daß wir Arbeiter ohne sie hilflos und nur halb so stark wären. Was sie jedoch kennzeichnete, war immer und ist auch heute noch das Gleiche: Sie unterstützen mit ihrem gesetzten und gemäßigten Gequatsche die Taktik der Bonzen, oder sie fielen umgekehrt ins Extrem und übertrumpften mit aggressivem Verhalten noch unsere eigenen Verhaltensweisen. Beides nützte den Bürgern sehr wenig. [...] So blieb [...] ‚Mieten und Wohnen' ein exklusiver Debattierklub der Intellektuellen, im dem die Bürger als Kulisse und stille Zuschauer fungierten und sich bald langweilten."[11]

11 Ebd., S. 91–93.

Die Fragen, die in diesen Reflexionen aus den 1970er-Jahren angesprochen wurden, sind auch heute noch aktuell: Wer zieht welchen Nutzen aus der Beteiligung? Wer kommt zu Wort, wessen Probleme werden thematisiert, wer setzt die Agenda und wer entscheidet letztlich? Wer ist von den Entscheidungen, die getroffen werden, betroffen und wer trägt dabei das Risiko und die Verantwortung? Welche Möglichkeiten der Ermächtigung bieten sich den Teilnehmenden? Welche Taktiken der Einhegung werden angewendet?

Seit den 1970er Jahren haben sich sowohl Beteiligungsliteratur als auch -praxis weiterentwickelt,[12] und im Gegensatz zu damals ist Beteiligung aus den vielfältigen Praktiken in Architektur, Städtebau und Stadtplanung nicht mehr wegzudenken. Die im Märkischen Viertel und anderswo erprobten Beteiligungsansätze der studentischen Basisgruppen basierten auf einer Kritik am technokratischen, rationalen Planungsverständnis. Dieses entspricht einer weitgehend linearen und ausschließlich von Expert*innen gesteuerten Gesamtplanung *(Comprehensive Planning)*, die sich durch den Ablauf Zielfindung – Analyse – Synthese – Planung – Ausführung – Kontrolle (kurz: ZASPAK)[13] auszeichnet. Hierbei war (beziehungsweise ist)[14] aufgrund der Annahme, dass Planung ein rein technischer und damit neutraler Prozess sei, keine (beziehungsweise mittlerweile minimale) Beteiligung vorgesehen.

Schon Horst W. Rittel kritisierte diese Annahme.[15] Planung behandle in den seltensten Fällen einfache, rein technisch zu klärende Fragen, sondern bearbeite in der Regel „bösartige", das heißt einzigartige, Probleme, die sich nicht richtig oder falsch, sondern lediglich besser oder schlechter lösen ließen. Er bezog sich dabei nicht nur auf die Beschaffenheit von Planungsproblemen, sondern auch auf die zunehmende gesellschaftliche Differenzierung:

> „[...] diverse values are held by different groups of individuals – that what satisfies one may be abhorrent to another, that what comprises problem-solution for one is problem-generation for another. Under such circumstances, and in the absence of an overriding social theory or an overriding social ethic, there is no gainsaying which group is right and which should have its ends served."[16]

Diesen Überlegungen lag die Überzeugung zugrunde, dass Planung beziehungsweise Planer*innen Teil des politischen Systems sei/seien, weil die Interessen der verschiedenen Gruppen mit ihren unterschiedlichen Werten nicht objektiv gegeneinander abgewogen werden könnten – auch nicht durch Expert*innen.

Inwiefern Konflikte und Macht im Kontext der Beteiligung an Planungsprozessen eine Rolle spielen und ob Planung demnach als politisch verstanden wird, ist eine der entscheidenden Fragen in der planungstheoretischen Debatte zur Beteiligung. Auf der einen Seite argumentieren Anhänger*innen kommunikativer Planungsmodelle (in der Regel mit Bezug auf Jürgen Habermas), dass Beteiligung in machtfreien Räumen stattfinden

12 Vgl. Gribat/Lutz 2018.

13 Vgl. Burckhardt, Lucius: *Der kleinstmögliche Eingriff*. Berlin 2013, S. 10. Burckhardt schrieb den Text bereits 1979–1981 und veröffentlichte kurze Auszüge in Zeitschriften. In voller Länge erschien er erstmals 2013.

14 Diese Art der Planung besteht weiter.

15 Vgl. Rittel, Horst W./ Webber, Melvin M.: „Dilemmas in a General Theory of Planning". In: *Policy Sciences*. Nr. 2/1973, Jg. 4, S. 155–169.

16 Ebd., S. 169.

soll, sodass letztlich das bessere Argument gewinnen kann. Dieser stark konsensorientierte Ansatz der Beteiligung war von den 1980er-Jahren bis in die 2000er-Jahre besonders populär,[17] prägt aber bis heute einen Teil der Debatte.[18] Auf der anderen Seite verstehen verschiedene Planungsforscher*innen Konflikte und Machtverhältnisse als wesentliche Faktoren in allen Beteiligungsprozessen. Ab den frühen 2000er-Jahren wurde diese Strömung in planungstheoretischen Debatten zu Beteiligung stärker,[19] womit Konflikte zunehmend als potenziell produktive Momente in der Planung gesehen werden.

Eine weitere Unterscheidung, die in diesem Zusammenhang getroffen wird, ist, ob Beteiligung auf Einladung stattfindet oder von Gruppen reklamiert beziehungsweise kreiert wird.[20] Letzteres geschieht vor allem im Kontext von Protesten inklusive jener der 1960er-und 1970er-Jahre im Märkischen Viertel. Obwohl Partizipation zunehmend zum Standardrepertoire der Planung gehört und sich eine regelrechte Beteiligungskultur etabliert hat, stellen sich am konkreten Fall bis heute ganz ähnliche Fragen wie am Anfang der 1970er-Jahre im Märkischen Viertel, vor allem in Bezug auf den Grad der Beteiligung und die gesellschaftlichen Machtverhältnisse – insbesondere wenn es um einkommensarme oder benachteiligte Gruppen von Bewohner*innen geht: Wie können durch partizipative Ansätze progressive gesellschaftliche Transformationen ermöglicht werden?

Transformation durch Beteiligung

Die frühen Bemühungen um eine Beteiligung der Bewohner*innen am Kampf um die Verbesserungen ihrer Lebensbedingungen im Märkischen Viertel sind insofern interessant, als sie von Anfang an stark mit Emanzipationsbestrebungen verbunden waren. Auch wenn sich die Studierenden nach einiger Zeit wieder aus der Stadtteilarbeit im Märkischen Viertel zurückzogen (was ja auch von Anfang an so angelegt war), so haben sie und ihre Nachfolger*innen einen wichtigen Beitrag dazu geleistet, neue partizipative Planungsansätze zu etablieren und das Planungsverständnis und die Planungspraxis zumindest zeitweise deutlich zu politisieren.[21]

Der Blick zurück zeigt aber auch, wie ambivalent sich das Verhältnis zum ideellen Überbau der Beteiligung im Laufe der Zeit entwickelt hat. Selbst wenn man die frühen basisdemokratischen Ansätze der Stadtteilarbeit im Märkischen Viertel

17 Vgl. etwa Healey, Patsy: „Planning through Debate. The Communicative Turn in Planning Theory". In: The Town Planning Review. Nr. 2/1992, Jg. 63, S. 143–162; Selle, Klaus/Sinnig, Heidi/Bischoff, Ariane: Informieren, Beteiligen, Kooperieren. Kommunikation in Planungsprozessen. Eine Übersicht zu Formen, Verfahren, Methoden und Techniken. Dortmund 1996; Forrester, John: The Deliberative Practitioner. Encouraging Participatory Planning Processes. Cambridge, Mass. 1999.

18 Vgl. Hamedinger, Alexander: „Ist die kommunikative Planung am Ende? Protest und BürgerInnenbeteiligung in der Stadtentwicklung aus planungstheoretischer und planungspraktischer Sicht". In: dérive. Nr. 79/2020, S. 4–10.

19 Vgl. Yiftachel, Oren/Huxley, Margo: „Debating Dominance and Relevance. Note on the ‚Communicative Turn' in Planning Theory". In: International Journal of Urban and Regional Research. Nr. 4/2000, Jg. 24, S. 907–913; Hillier, Jean: „‚Agon'izing Over Consensus. Why Habermasian Ideals cannot be ‚Real'". In: Planning Theory. Nr. 1/2003, Jg. 2, S. 37–59; Roskamm, Nikolai: „On the other side of ‚agonism'. ‚The enemy', the ‚outside', and the role of antagonism". In: Planning Theory. Nr. 4/2015, Jg. 14, S. 384–403.

als naiv und unvollkommen abtut, muss man anerkennen, dass ihnen doch der Traum einer radikalen sozialräumlichen Transformation durch Partizipation innewohnt. In der aktuellen, mittlerweile fest etablierten Beteiligungskultur tritt dieser Traum zu oft in den Hintergrund. Ihn sich immer wieder vor Augen zu halten, erinnert an das gesellschaftliche Veränderungspotenzial, das in den Aushandlungsprozessen steckt und für das sich die Mühen von planerischen Beteiligungsprozessen immer wieder aufs Neue lohnen.

20 Vgl. Gaventa, John: „Finding the Spaces for Change. A Power Analysis". In: *IDS Bulletin*. Nr. 6/2006, Jg. 37, S. 23–33; Miraftab, Faranak: „Insurgent Planning. Situating Radical Planning in the Global South". In: *Planning Theory*. Nr. 1/2009, Jg. 8, S. 32–50.

21 Vgl. Gribat, Nina/Misselwitz, Philipp/Görlich, Matthias (Hg.): *Vergessene Schulen. Architekturlehre zwischen Reform und Revolte um 1968.* Leipzig 2017.

Zielkonflikte bei Partizipationsverfahren
Das Beispiel der Anwaltsplanung in Darmstadt-Kranichstein

Swenja Hoschek

Die frühen 1970er-Jahre der BRD waren geprägt vom politischen Leitbild der gesellschaftlichen Demokratisierung. So wurden in der Stadtplanung partizipative Methoden erprobt, um Bewohner*innen die Teilhabe an Planungsentscheidungen zu ermöglichen. Dort, wo Bewohner*innen gegen Bauprojekte protestierten, erhofften sich Stadtpolitik und Stadtverwaltung von einer geordneten Bürgerbeteiligung die Möglichkeit, Konflikte effizient zu lösen oder zumindest zu entschärfen. Der Großsiedlungsbau der späten 1960er-Jahre war ein solches von Kritik und Protesten geprägtes Feld. Geplant wurden die Siedlungen mit dem Anspruch, breiten Bevölkerungsschichten ein besseres Leben in modernen Wohnungen zu ermöglichen. Doch bereits während ihres Baus wurden sie problematisiert und zogen Kritik vor allem der Neuen Linken auf sich.[1] Der Druck, diese Stadtteile zu verbessern und dabei die protestierenden Bewohner*innen miteinzubeziehen, war dementsprechend groß.

Über die Notwendigkeit von Partizipationsmöglichkeiten in der Stadtplanung bestand also in den frühen 1970er-Jahren weitgehender Konsens.[2] Die bisherige Planungspraxis, die bis in die späten 1960er-Jahre kaum problematisiert worden war, wurde nun als autoritär und paternalistisch kritisiert.[3] Für eine praktische Umsetzung fehlte es allerdings zunächst an konkreten Verfahren. Vorbilder wurden beispielsweise in den USA gesucht. Dort hatte der amerikanische Stadtplaner Paul Davidoff das Konzept der Anwaltsplanung entwickelt.[4] Sogenannte Anwaltsplaner*innen sollten als Fachkundige in Planungsfragen die Bewohner*innen dabei unterstützen, alternative

1 Den großen Einfluss von politisch geprägten Sozialwissenschaftler*innen und Studierenden für die Abwertungen der Siedlungen zeigt Reinecke, Christiane: „Faszinierend schlechte Viertel. Großsiedlungen als prekäre Räume und Lehrräume urbaner Moral in den französischen und westdeutschen Medien". In: *Forum Stadt*. Nr. 3/2020, Jg. 47, S. 191–206. Zum Prozess der Abwertung der Siedlungen um 1970 vgl. Harnack, Maren: „In die Zange genommen. Kritik am Wohnungsbau um 1968". In: *sub\urban*. Nr. 2/3/2018, Jg. 6, S. 173–179.

2 Vgl. Gribat, Nina, et al.: „Planung als politische Praxis. Zur Einleitung in den Themenschwerpunkt". In: *sub\urban*. Nr. 1/2/2017, Jg. 5, S. 7–20; Haumann, Sebastian: „Partizipation als Konsens. Die ‚68er'-Bewegung und der Paradigmenwechsel in der Stadtplanung". In: *sub\urban*. Nr. 2/3/2018, Jg. 6, S. 189–196.

1 Bis 1972 waren in Darmstadt-Kranichstein vor allem Wohngebäude errichtet worden. Der Platz am See war für das Zentrum vorgesehen.

Planungsentwürfe in die Stadtplanung einzubringen. In der BRD wurde dieses Verfahren unter anderem in der neu entstandenen Großsiedlung Darmstadt-Kranichstein erprobt.

Am Beispiel der Anwaltsplanung in diesem Neubauprojekt soll im Folgenden untersucht werden, welche Erwartungen an die Anwaltsplanung herangetragen wurden und ob diese erfüllt wurden. Dabei wird gezeigt, dass das Verfahren mit unterschiedlichen, zum Teil gegensätzlichen Zielen konfrontiert und folglich ambivalent wahrgenommen wurde.

Der Weg zur Anwaltsplanung in Darmstadt-Kranichstein

Darmstadt-Kranichstein wurde ab 1972 als neuer Stadtteil, der zunächst nur rudimentär verwirklicht wurde, ein Schauplatz der Anwaltsplanung. Als die Stadt Darmstadt Mitte der 1960er-Jahre damit begann, den neuen Stadtteil zu entwickeln, hatte sie, ganz im Stil der paternalistischen Planung der Zeit, diese

3 Vgl. Zupan, Daniela: „Von der Großsiedlung der Spätmoderne zum kompakten nutzungsgemischten Stadtquartier. Verlaufsformen eines städtebaulichen Erneuerungsprozesses". In: *Informationen zur Raumentwicklung.* Nr. 3/2015, S. 183–199, hier S. 189; Gribat et al. 2017, S. 8–9.

4 Vgl. Davidoff, Paul: „Advocacy and Pluralism in Planning". In: *Journal of the American Institute of Planners.* Nr. 4/1965, Jg. 31, S. 331–338.

2 Als Provisorium errichtet, blieb die Einkaufsbaracke in Darmstadt-Kranichstein fast vier Jahre lang der einzige Laden im Stadtteil.

Aufgabe ohne Ausschreibung Ernst May übertragen. May plante eine Siedlung für 18.000 Menschen mit öffentlichen Einrichtungen wie Schulen, Schwimmbad, Einkaufszentrum, Bibliothek sowie einem Gewerbegebiet. Während der ersten Bauphase entstanden ab 1968 zwar Wohnbauten, aber die meisten Wohnfolgeeinrichtungen ließen vorerst auf sich warten. So diente beispielsweise eine Baracke über Jahre als einzige Einkaufsmöglichkeit im Stadtteil. 1970 gründeten Bewohner*innen die Interessengemeinschaft Kranichstein (IGK), um ihren Protest gegen die Zustände in der Siedlung zu organisieren. Sie kritisierten insbesondere die infrastrukturelle Unterversorgung und den anhaltenden Baustellencharakter und schufen durch Proteste und Beschwerden eine Öffentlichkeit für ihre Anliegen.[5] Damit übten sie Druck auf die kommunale Politik und Verwaltung aus, die als Schuldige der Misere wahrgenommen wurden.

Eine der größten Kontroversen betraf das Einkaufszentrum, das zu einem der wichtigsten Gegenstände der Anwaltsplanung werden sollte. Einigkeit herrschte in dem Punkt, die Einkaufsbaracke durch ein größeres Zentrum abzulösen. Die Stadt wollte

5 Zur Entwicklung Kranichsteins vgl. Andres, Wilhelm/Stumme, Hermann: *Kranichstein. Geschichte eines Stadtteils.* Darmstadt 1993; Schubert, Dirk: „Wohnungen, Wohnungen und nochmals Wohnungen … Die neue Heimat – Ein Wohnungsbaukonzern zwischen Reformambitionen und wohnungswirtschaftlichen Zwängen". In: Schwarz, Ullrich (Hg.): *Neue Heimat. Das Gesicht der Bundesrepublik. Bauten und Projekte 1947–1985.* München 2019, S. 54–437, hier S. 277–284.

den Plänen Mays folgend ein großes, modernes Zentrum errichten lassen, das neben Einkaufsläden auch städtische Gemeinschaftseinrichtungen wie Bücherei oder Schwimmbad enthalten und dadurch über den Stadtteil hinaus Anziehungskraft entfalten sollte.[6] Seine Realisierung im ersten Bauabschnitt scheiterte zum einen an der Finanzlage der Stadt, zum anderen am Bauträger. Da es einer Studie zufolge in Kranichstein an Kaufkraft fehlte, um bereits jetzt eine Vermietung aller geplanter Ladenflächen zu gewährleisten, wollte der Bauträger ein kleineres Zentrum errichten.[7] Die Bewohner*innen forderten vor allem ein baldiges Ende des andauernden Provisoriums. Ein kleineres, weniger ambitioniertes Zentrum wurde vonseiten der Stadt aber zunächst abgelehnt.

Um den stockenden Bau des Zentrums und des Stadtteils voranzubringen, bereitete die Stadt 1972 einen Wettbewerb vor. Dieser wurde mit vielfältigen Anforderungen überfrachtet, sodass die Preisrichter*innen zurücktraten und das Vorhaben scheiterte. Nachdem nun die klassischen Planungsinstrumente keine Resultate hervorgebracht hatten, suchte die Stadtpolitik nach neuen Ansätzen, um das aufgeheizte Klima in Kranichstein zu beruhigen und den Weiterbau zu ermöglichen. Sie stand zum Zeitpunkt der Einführung der Anwaltsplanung also unter enormem Handlungsdruck, der durch die Berichterstattung der Medien, die wenig gute Worte für Darmstadts „Trabanten" fanden, noch verstärkt wurde.[8]

In dieser Situation schlug das 1971 in Darmstadt gegründete Institut Wohnen und Umwelt (IWU), das den Prozess der Planung und Realisierung Kranichsteins seit seiner Gründung beratend begleitete, der Stadt Darmstadt das partizipative Verfahren der Anwaltsplanung vor. Dabei sollten Anwaltsplaner*innen als Expert*innen mit fachlichem Hintergrund in der Architektur oder Soziologie die Artikulationsfähigkeit der Bewohner*innen stärken und deren Forderungen in realisierbare Planungen übersetzen. Ihre Legitimation bezogen die Anwaltsplaner*innen dabei aus der Betroffenheit der von ihnen Unterstützten. Im Falle Kranichsteins verbanden sich die Anwaltsplaner eng mit der Interessengemeinschaft Kranichstein und machten sie zu ihrer wichtigsten Ansprechpartnerin im Stadtteil. Mit anderen lokalen Bewohnergruppen wie der Abenteuerspielplatzgruppe oder dem Mieterkomitee, die sich mehr für soziale und politische Aspekte als für bauliche Lösungen interessierten, arbeiteten sie kaum zusammen.

6 Vgl. Brech, Joachim, et al.: *Anwaltsplanung. Eine empirische Untersuchung über ein Verfahren zur gerechteren Verteilung von Sachverstand in Planungsprozessen. Forschungsprojekt BMBau RS II 6-704102-75.04 (1977).* Bonn 1977, S. 26–29.

7 Vgl. Protokoll zu „Besprechung am 23. Juli 1968 bei der Stadtbauverwaltung". 25.07.1968. Stadtplanungsamt Darmstadt, Ordner: „II Entwurf Neu Kranichstein Ladenzentrum".

8 Vgl. beispielsweise Böhm, Hiltraud: „Herr Stadtrat, diese Ohrfeige hätten sie verdient". In: *Frankfurter Allgemeine Zeitung.* 08.04.1972, S. 32.

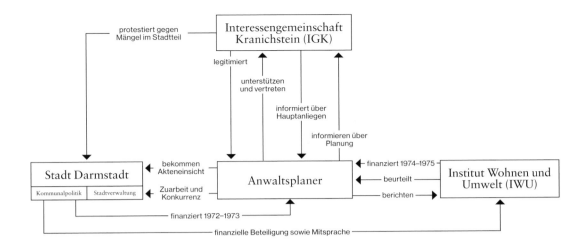

3 Akteurskonstellation der Kranichsteiner Anwaltsplanung.

Die Stadt ging auf der Suche nach Möglichkeiten, die Planung in Kranichstein konfliktfreier und effizienter zu gestalten, auf den Vorschlag des IWU ein und finanzierte ab 1972 zwei halbe Stellen für Anwaltsplaner*innen, die zunächst mit Erhard Pfotenhauer (Architekt) und Hans-Ulrich Zimmer (Architekt) besetzt wurden.[9] Dann übernahm Peter Kehnen (Soziologe) Zimmers Position. Für einen letzten Zeitabschnitt kam zusätzlich Jürgen Spiegelberg (Sozialarbeiter) hinzu. Das IWU begleitete das Verfahren wissenschaftlich, war eng mit dessen Ausgestaltung verbunden und übernahm im zweiten Abschnitt die Finanzierung.[10]

Divergierende Ziele

Die (Konflikt-)Parteien verbanden mit diesem Verfahren höchst unterschiedliche Ziele, die sich drei Kategorien zuordnen lassen. Erstens sollten die Anwaltsplaner Lösungsvorschläge in Form baulicher Verbesserungen entwickeln und dazu zwischen den Parteien vermitteln. Zweitens sollte die Stadtplanung demokratisiert und sollten Informationsasymmetrien abgebaut werden. Drittens sollte die weitere Planung des Stadtteils legitimiert werden. Wie die verschiedenen Akteur*innen diese Ziele verfolgten, wie sich deren Zielvorstellungen auf die Umsetzung der Anwaltsplanung auswirkten und wo sie sich widersprachen, soll im Folgenden gezeigt werden.

9 Vgl. Brech et al. 1977, S. 23–24.

10 In ihrer Dissertation reflektieren zwei Forscher des IWU selbst, dass sie sich damit methodisch zwischen teilnehmender Beobachtung und Aktionsforschung befanden. Sie griffen somit direkt in ihren Untersuchungsgegenstand ein und gestalteten diesen aus (vgl. Brech, Joachim/Greiff, Rainer: *Anwaltsplanung in der kommunalen Planungspraxis*. Frankfurt a. M. 1981, S. 1–22).

Erstes Ziel aller Beteiligten war es, zu realisierbaren Plänen für das vorgesehene Einkaufszentrum und den Weiterbau des Stadtteils zu gelangen. Nach dem gescheiterten Wettbewerb wurde eine Arbeitsgruppe gebildet, der die Anwaltsplaner als Vertreter der Bewohner*innen, Mitarbeiter*innen des IWU, Mitglieder des Stadtplanungsamtes und Repräsentant*innen der Hochschule Darmstadt angehörten. Nach fünf Wochen präsentierte die Gruppe im Juni 1972 einen „Bericht zur Planung Kranichstein" mit möglichen Maßnahmen.[11] Bereits in diesem Bericht zeigten sich deutliche Differenzen: Während sich das Stadtplanungsamt auf eine langfristige Lösung im Rahmen des nächsten Bauabschnitts konzentrierte, forderten IWU und Anwaltsplaner Sofortmaßnahmen, die den Alltag der Bürger*innen so bald wie möglich verbessern sollten.[12] Der Erweiterung des Stadtteils stellten sie die Sanierung des ersten Bauabschnitts gegenüber. Hier wird deutlich, dass sich die Anwaltsplaner in ihrer Rolle als Fachleute und Experten für Stadtplanung artikulierten und versuchten, die Bewohner*innen zu unterstützen, indem sie ihre Perspektive stellvertretend einbrachten.

Um diese Position zu legitimieren, arbeiteten die Anwaltsplaner eng mit der Interessengemeinschaft zusammen, übernahmen organisatorische Aufgaben für diese und sorgten für einen kontinuierlichen persönlichen Austausch. Sie nutzten ihre Erfahrungen mit Öffentlichkeitsarbeit, um Informationen unter den Bewohner*innen zu verteilen und um eine breitere Öffentlichkeit für ihre Anliegen zu schaffen.[13] Sowohl im Stadtteil als auch von außen wurden die Anwaltsplaner häufig als Vertreter der Interessengemeinschaft wahrgenommen.

Die Anwaltsplaner setzten sich insbesondere für den unverzüglichen Bau der fehlenden Wohnfolgeeinrichtungen wie dem Einkaufszentrum ein. Dazu erarbeiteten sie alternative Pläne.[14] Ihre Arbeit führte nach zwei Jahren und einem Wechsel in der Kommunalpolitik zum Bau des Zentrums am See. Somit war 1975 im Hinblick auf das Ziel, bauliche Lösungen zu finden, etwas erreicht worden: eine Verbesserung der Versorgung mit Wohnfolgeeinrichtungen durch die Realisierung eines verkleinerten Einkaufszentrums.

Durch die Anwaltsplaner wurde der Konflikt somit vom Protest der Bürger*innen in konkrete Verhandlungen und Planungsdetails überführt. Die häufig aggressive Vertretung der eigenen Interessen durch die Bürgerinitiative IGK wurde mittels der Anwaltsplaner um eine Diskussion unter

11 Vgl. Mitarbeiter der Arbeitsgruppe des Stadtplanungsamtes, der THD, Advokatenplaner, Institut Wohnen und Umwelt: „Bericht zur Planung Kranichstein. Juni 1972". Darmstadt 1972.

12 Es wurde argumentiert, dass auch die Erweiterung des Stadtteils die Situation der Bewohner*innen verbessern würde, weil mehr Einwohner*innen mehr Kaufkraft generieren würden und somit den Bau eines größeren Zentrums rechtfertigten. Andersherum befürchteten die Bewohner*innen, dass ein Weiterbau den Druck auf die vorhandenen, zu kleinen Einrichtungen wie Kindergärten und Schulen weiter erhöhen würde.

13 Vgl. Brech/Greiff 1981, S. 398–399.

14 Vgl. Brech et al. 1977, S. 26–29.

DER KRANICH

KRANICHSTEINER STADTTEIL–ZEITUNG 3/74

4 Ein Titelblatt der Stadtteilzeitung *Der Kranich* von 1974 zeigt, wie die Interessengemeinschaft ihre Rolle interpretierte: als eine Organisation, die Druck ausübt, um Bauprojekte (hier zwei Ladenzentren) ins Ziel zu bringen.

Planungsverantwortlichen erweitert und Planungsalternativen wurden aufgezeigt. Dies veränderte die Arbeit der Interessengemeinschaft, die sich weg von Protesten hin zur Beschäftigung mit diesen Planungsalternativen verschob.

Dieses zeitintensive Verfahren wurde vor allem von einer in der IGK aktiven Personengruppe genutzt: der artikulationsstarken Mittelschicht, die hauptsächlich durch ihr Einkommen und somit ihre Schichtzugehörigkeit bestimmt wurde. Sie war in Darmstadt-Kranichstein stark vertreten, denn zwar waren in der Siedlung auch einige Wohnblocks des sozialen Wohnungsbaus entstanden, aber es wurden auch zwei Einfamilienhausgebiete, Eigentumswohnungen sowie Werkswohnungen der Post für Angestellte und Beamt*innen verwirklicht, sodass das durchschnittliche Einkommen im Stadtteil über dem städtischen Durchschnitt lag.[15] Damit war das in der IGK organisierte Klientel tendenziell nicht die marginalisierte Gruppe, die das Verfahren nach Ansicht der Forscher*innen eigentlich stärken sollte.[16]

Die Anwaltsplanung zielte zudem auf die Demokratisierung des Planungsverfahrens. Dieses Ziel wurde vor allem von den Forscher*innen des IWU verfolgt, aber auch von den Anwaltsplanern, und war Teil des politischen Anspruchs der Anwaltsplanung. Der Ansatz stand somit beispielhaft für die ab den späten 1960er-Jahren erstarkende Politisierung der Forschung. Eine junge Architektengeneration interpretierte gerade die Planungsprozesse rund um das Wohnen als Machtfrage.[17] Sie wollte die Machtverhältnisse, die die planende Verwaltung und Politik privilegiere, zugunsten der Bürger*innen verändern. Dazu sollten die Bewohner*innen an den Verfahren beteiligt und sollte den Stimmen marginalisierter Gruppen Gehör verschafft werden.[18]

Ein wesentliches Mittel dazu war der Abbau von Informationsasymmetrien, vor allem des Informationsvorsprungs der Verwaltung. Ziel des IWU war es, die Bewohner*innen über die Planungen des Stadtteils zu informieren, um ihnen dadurch Mitsprache zu ermöglichen. So sollten die Anwaltsplaner ihr Expertenwissen und die Öffentlichkeitsarbeit nutzen, um die Bewohner*innen vor der Argumentation mit vermeintlichen Sachzwängen zu schützen.

Vertreter*innen der kommunalen Verwaltung hingegen hofften, dass die Anwaltsplaner den Bewohner*innen die Sachzwänge vermitteln würden, die ihre Planung einschränkten. Indem sie die Probleme verschiedener Alternativen erklärten, sollten sie auf realistische Forderungen hinwirken. Die Idee war, Widerstände durch Informationen abzubauen und somit zu einer Klimaverbesserung beizutragen.[19] Hier wird bereits deutlich, dass die Anwaltsplaner eine vermittelnde Rolle zwischen den Bürger*innen und der Verwaltung einnehmen sollten, dabei aber mit widersprüchlichen Erwartungen konfrontiert wurden.

Um diese informierende und vermittelnde Arbeit übernehmen zu können, bekamen die Anwaltsplaner Einsicht in die

15 Vgl. Brech/Greiff 1981, S. 50.

16 Vgl. ebd., S. 26–29; Pfotenhauer, Erhard: „Nachbarschaft oder Bewohnerinitiative?" In: Gronemeyer, Reimer/Bahr, Hans-Eckehard (Hg.): *Nachbarschaft im Neubaublock. Empirische Untersuchung zur Gemeinwesenarbeit, theoretische Studien zur Wohnsituation.* Weinheim 1977, S. 259–292, hier S. 268.

17 Vgl. Gribat, Nina: „Grabenkämpfe um die Kritik am funktionellen Städtebau um 1968. Sozialpsychologische Reformist_innen und marxistische Revoluzzer_innen". In: *sub\urban.* Nr. 2/3/2018, Jg. 6, S. 181–188.

18 Vgl. Brech et al. 1977, S. 15.

19 Vgl. Brech/Greiff 1981, S. 155.

Akten der Verwaltung – eine Maßnahme, die die Forscher*innen des IWU als große Machtabgabe der Verwaltung und Beitrag zur Demokratisierung der Planung werteten.[20] Ein gutes Vertrauensverhältnis zu den Angestellten der Ämter war dennoch essenziell für die Arbeit der Anwaltsplaner, bezogen sie doch wesentliche Informationen von ihnen. Allerdings konnten auch einzelne Verwaltungsangehörige Informationen und Vorschläge unabhängig von der Hierarchie der Verwaltung direkt an die Anwaltsplaner weitergeben und sich so einbringen.[21]

Die Informationsverteilung betraf zudem die Kommunalpolitik.[22] Die Anwaltsplaner lieferten Informationen an Kommunalpolitiker*innen und zeigten Alternativen auf. Das IWU berichtete, es habe ein offizieller und informeller Informationsaustausch stattgefunden, der die Abgeordneten fundierte Entscheidungen treffen sowie Forderungen und Nachfragen stellen ließ.[23] Durch die reduzierte Abhängigkeit von der Verwaltung sei die Demokratie in der Stadtpolitik gestärkt worden.

Aus Sicht der Kommunalpolitik hingegen sollte der Informationsaustausch, den die Anwaltsplaner vermittelten, in erster Linie Widerstände gegen die Planung beenden und diese legitimieren. Die verbesserte Information sollte das Vertrauen der Bewohner*innen in die Planung, gegen die nur aufgrund mangelnder Aufklärung protestiert würde, wiederherstellen. Damit einher ging die Hoffnung, dass so die Effizienz der Planung erhöht werden könne, da sie dann weniger umstritten sei – eine Hoffnung, die sich nicht erfüllte.[24]

Diese Erwartung stand zudem dem Anspruch der Forscher*innen des IWU entgegen, dass die Planung in einem konflikthaften Prozess zwischen den Akteur*innen unter Einbeziehung der Bewohner*innen ausgehandelt werde.[25] Diese konflikthaften Aushandlungsprozesse förderten die Anwaltsplaner dann zuweilen durch Information und Öffentlichkeitsarbeit. Die Planung vor den oder durch die Planungsbetroffenen zu legitimieren, war folglich ein gemeinsames, aber unterschiedlich verstandenes Ziel der Kommunalpolitik, der Verwaltung und des IWU. Auch die Demokratisierung wurde unterschiedlich ausgelegt und die konflikthafte Aushandlung durch die verschiedenen, nun weitreichender informierten Akteur*innen entsprach nicht immer dem Idealbild aller Beteiligten. Mit diesen komplexen Ansprüchen, die die Beteiligten teilweise widersprüchlich auslegten, wurde das Verfahren konfrontiert und überfrachtet.

20 Vgl. ebd., S. 271.

21 Vgl. Gespräch mit Meiners, Michael/Rose, Burkhard: „[...] die Anwaltsplanung war eine Art Schnittstelle, an der die Probleme sortiert und in möglichst wirkungsvoller Weise an die Bewohner oder die Verwaltung gebracht wurden." In: Brech, Joachim/Greiff, Rainer (Hg.): *Bürgerbeteiligung mit Experten. Berichte und Analysen zur Anwaltsplanung.* Weinheim 1978, S. 78–91.

22 Dass die Anwaltsplanung auf einen Eindruck vom „Versagen der parlamentarischen Kontrolle" reagiere, führt zeitgenössisch Walter Siebel aus (vgl. Siebel, Walter: „Anwaltsplanung – der Fachmann als Revolutionär? Zur Kritik der Kritik der Anwaltsplanung". In: Brech, Joachim/Greiff, Rainer (Hg.): *Bürgerbeteiligung mit Experten. Berichte und Analysen zur Anwaltsplanung.* Weinheim 1978, S. 241–256, hier S. 248–249).

23 Vgl. Interessensgemeinschaft Kranichstein: „Warum Anwaltsplanung?" In: *Der Kranich.* Nr. 3/1974, Jg. 1, S. 9–11; Brech/Greiff 1981, S. 317.

24 Vgl. beispielhaft „Fachwissen und Bürgerverstand". In: *Frankfurter Allgemeine Zeitung.* 02.03.1973, S. 51.

25 Die Erwartungen an die Konflikthaftigkeit von partizipativen Methoden unterlagen dabei Veränderungen (vgl. Gribat, Nina/Lutz, Manuel: „Planung und Partizipation. Zwischen Emanzipation, Kollaboration und Vereinnahmung". In: Vogelpohl, Anne, et al. (Hg.): *Raumproduktionen II. Theoretische Kontroversen und politische Auseinandersetzungen.* Münster 2018, S. 81–99).

Fazit

Die Anwaltsplanung wurde in den 1970er-Jahren vor dem Hintergrund einer Politisierung von Forschung und Stadtplanung in Kranichstein erprobt. Dabei wurden verschiedene Ziele verfolgt: die Entwicklung von Lösungsvorschlägen für den Weiterbau des Stadtteils, die Demokratisierung der Planung sowie die Legitimierung der Planung.

Die Pläne für den Weiterbau des Stadtteiles wurden durchaus im Sinne der Bewohner*innen modifiziert, wie das Beispiel des Einkaufszentrums zeigt. Auch trug die Anwaltsplanung in Kranichstein zur Ermächtigung der Bürgerinitiativen bei, da sie diesen Expertenwissen bereit und professionelle Vertreter*innen zur Seite stellte. Kommunalpolitiker*innen konnten sich verwaltungsunabhängig beraten lassen und Verwaltungsmitarbeiter*innen ihre Ideen durch die Anwaltsplaner einbringen. Somit profitierten viele Akteur*innen im Sinne der vom IWU angestrebten Demokratisierung des Planungsverfahrens. Die Auseinandersetzung verlagerte sich dabei in den Fachdiskurs und erfolgte in der Sprache der Stadtplanung und verwaltung. Die Anwaltsplanung professionalisierte den Protest und beeinflusste die Arbeit der IGK maßgeblich.[26]

Schließlich trugen die verschiedenen Zielvorstellungen 1975 zum Auslaufen der Anwaltsplanung bei.[27] Insbesondere die vom IWU gewünschte Demokratisierung und Aktivierung der Bewohner*innen stellten sich als schwierig heraus, da sich an der Diskussion über detaillierte Planungsaspekte vor allem eine ohnehin als artikulationsstark betrachtete Bevölkerungsschicht beteiligte.[28] Die angestrebte Aktivierung marginalisierter Bevölkerungsgruppen misslang also. Die konfliktgeladenen Diskussionen führten zudem nicht zu der von Vertreter*innen der Kommunalpolitik erhofften positiven Berichterstattung. Deshalb bewerteten diese Akteur*innen das Verfahren als tendenziell gescheitert. Gruppen, die eine Stärkung ihrer Position erfuhren – wie die in der IGK organisierten Bewohner*innen sowie bestimmte Verwaltungsangehörige und Kommunalpolitiker*innen –, beurteilten das Verfahren hingegen tendenziell positiv. Dieses Beispiel der Anwaltsplanung zeigt somit vor allem, wie unterschiedlich die Erwartungen an die Partizipation und die Vertretung sozialer Gruppen waren und wie Zielkonflikte im Laufe eines Verfahrens deutlich werden.

26 Als Anwaltsplaner reflektierte dies auch Pfotenhauer selbst (vgl. Pfotenhauer 1977, S. 269–271).

27 Vgl. „Nicht gescheitert, aber am Ende". In: *Darmstädter Echo*. 26.06.1975.

28 Gerade die Konsensorientierung schien vor allem durchsetzungsstarke Gruppen zu fördern (vgl. Gribat et al. 2017, S. 11).

Partizipatives Quartiersmanagement und kommunale Partizipationsinstrumente
Wiedersehen am Kirchplatz in der Berliner Siedlung Neu-Hohenschönhausen

Arvid Krüger

Das Welsekiezmanagement in der Berliner Großsiedlung Neu-Hohenschönhausen (Bezirk Lichtenberg) probierte neue partizipative Formen der Planungssteuerung und andere Strukturen der Beteiligung aus. 2009 gestartet, wurde das Management von der Wohnungswirtschaft getragen und hauptsächlich von der Kommune (in Berlin: dem Bezirk) gesteuert. Die Tagung „Transformative Partizipation" bot den Anlass, noch einmal dorthin zurückzukehren und zwei noch heute dort tätige professionelle Akteure von damals zu sprechen.[1] Die leitende Frage war, wie sie die damaligen Beteiligungsprojekte aus heutiger Sicht sehen. Wie haben diese Projekte ihr Verständnis von Beteiligungsprozessen verändert und welche Wirkungen sind heute noch – zumindest graduell – erkennbar?

Um 2010 wurden Fragen der Partizipation intensiv diskutiert. *Empowerment* war ein zentrales Ziel des Quartiersmanagements der Sozialen Stadt. Zugleich etablierte sich in der Disziplin der Sozialen Arbeit die Gemeinwesenarbeit beziehungsweise aufsuchende Arbeit im Jugend- und Sozialwesen. An manchen Orten wie in Berlin-Lichtenberg wurde auf der kommunalpolitischen Ebene der Bürgerhaushalt als weiteres Partizipationsinstrument eingeführt. Bei der Partizipation trafen sich Institutionen

1 Leitfadengestütztes Interview des Autors mit Matthias Ebert und Beate Janke per Videotelefon, Januar 2021.

des Bezirks – Gemeinwesenarbeit, sozialraumorientiertes Jugendamt, Bürgerhaushalt – und der Stadterneuerung, die im konkreten Fall als Kooperation aus herkömmlicher Stadterneuerung und öffentlichem Wohnungsunternehmen angelegt war. Strategien der Partizipation und ihre Umsetzung sollen am Beispiel des Kirchplatzprojekts am Falkenbogen erörtert werden.[2]

Die 2009/10 gebildeten Akteursstrukturen

Das Welsekiezmanagement war von 2009 bis 2013 ein Modellprojekt des landeseigenen Wohnungsunternehmens Howoge, das einen Stadtplaner (den Autor) beauftragte, als Quartiersmanager außerhalb der Förderkulisse der Sozialen Stadt tätig zu werden. Bald darauf wuchs das Team des Welsekiezmanagements projektbezogen an. Gleichzeitig führte die Etablierung des Bürgerhaushalts Lichtenberg[3] dazu, dass zum 1. Januar 2010 die Stadtteilzentren[4] des gesamten Bezirks neu konzipiert und beauftragt wurden.[5] Dies sind soziokulturelle Institutionen, die vor Ort unter anderem sämtliche nicht internetbasierten Beteiligungsprozesse des Bürgerhaushalts begleiten. Faktisch nach dem Modell der Sozialen Stadt wurden hier in allen Lichtenberger Ortsteilen Verfügungsfonds eingerichtet.

　　　　Nach der fast zeitgleichen Einrichtung von Stadtteilzentrum und Welsekiezmanagement im Sommer 2009 begannen Vertreter*innen dieser beiden Institutionen, die örtlichen Verwaltungsmitarbeiter*innen, die sich um den Sozialraum kümmerten (aus der heutigen OE SPK[6] und dem Jugendamt), regelmäßig zu treffen.[7] Die daraus entstandene Stadtteilrunde gibt es noch heute.[8] Diskutiert wurde damals zum Beispiel über die Bürgerhaushaltsaktivitäten und ein temporäres Quartiersentwicklungsprogramm des Bezirks, über Stadtumbaumittel und Mittel der Howoge für Vor-Ort-Projekte zur sozialen Stabilisierung und über einen „Lokalen Aktionsplan für Demokratie und Toleranz" aus dem Jugendressort – es gab also viel Gesprächsstoff über Fördermittel und die Quartiersentwicklung insgesamt. Die Stadtteilrunde ist ein gutes Beispiel dafür, wie sich ein weiterentwickeltes Verständnis von Quartiersmanagement als Zusammenspiel von Stadterneuerung, Gemeinwesenarbeit und (kommunaler) Sozialraumorientierung in einem konkreten Fall (Neu-Hohenschönhausen) auswirken kann.[9]

2 Vgl. Krüger, Arvid: „Neue Steuerungsmodelle in der Stadterneuerung und daraus folgende Anforderungen an die Städtebauförderung, die Kommunen und die gemeinnützige Wohnungswirtschaft". Dissertation Bauhaus-Universität Weimar, Weimar 2019. Die dort gewonnenen Erkenntnisse werden mit der heutigen Perspektive der Akteure auf die damalige gemeinsame Arbeit konfrontiert. Einige Abschnitte dieses Beitrags sind daher eng an die Disseration angelehnt.

3 Bezirksverordnetenversammlung Lichtenberg von Berlin: „Lichtenberg auf dem Weg zur Bürgerkommune. Konzeption des Bezirksamts Lichtenberg zur Gemeinwesenentwicklung auf dem Weg zur Bürgerkommune". Berlin 2005, DS 1322/V (Anlage), Berlin 2009, DS 1205/VI (fortgeschriebene Fassung).

4 Heute wird diese Institution Stadtteilkoordination genannt.

5 Streng genommen ist das Neu-Hohenschönhausener Stadtteilzentrum für Hohenschönhausen Nord zuständig, das heißt für die Stadtteile Neu-Hohenschönhausen Nord (eher bekannt unter den Namen der beiden Quartiere Ostseeviertel und Mühlengrund), Neu-Hohenschönhausen Süd (eher bekannt unter den Namen der beiden Quartiere Welsekiez und Neu-Wartenberg beziehungsweise Wartenberg-Karree) und Malchow/Wartenberg/ Falkenberg. Im Folgenden wird der besseren Verständlichkeit halber der Name Neu-Hohenschönhausen genutzt.

1 Soziale Infrastruktur am Warnitzer Bogen und Falkenbogen.

Zentralität(en) in der Großsiedlung

Das Hauptzentrum Neu-Hohenschönhausens liegt am Prerower Platz und ist von einem ECE-Shopping-Center geprägt, in dem sich auch die Hauptbibliothek des Bezirks befindet und um welches herum weitere zentrale Einrichtungen (Kino, Schwimmhalle, Ärztehaus, Galerie, soziokulturelles Zentrum) zu finden sind. Bis 2018 war es recht stabil, doch seit der Kaufhof ausgezogen ist, ist seine Zukunft ungewiss. Dieser Beitrag behandelt jedoch das Nebenzentrum auf der anderen Seite der S-Bahn, das im Wesentlichen von der Howoge betrieben wird. Es besteht aus zwei Ladenzeilen mit Geschäften im Erdgeschoss und Büro-/ Praxisräumen im ersten Obergeschoss entlang zweier Fußgängerbereiche beidseits der Falkenberger Chaussee. Der nördliche Teil wird als Falkenbogen bezeichnet, die Ladenzeile südlich der

6 Die Organisationseinheit (OE) SPK steht für die berlinweit auf Bezirksebene eingeführte sozialräumliche Planungskoordination. Die Ausrichtung und Ausstattung der SPK variiert in den zwölf Berliner Bezirken.

7 Ausführlich in Krüger, Arvid: „Kommunikation und Partizipation als Schnittstelle zwischen Stadterneuerung und Gemeinwesenarbeit am Beispiel Neu-Hohenschönhausens (Berlin)". In: Altrock, Uwe, et al. (Hg.): *Jahrbuch Stadterneuerung* 2012. Berlin 2012, S. 233–250.

Falkenberger Chaussee firmiert unter dem Namen Warnitzer Bogen. Beide Ladenzeilen entstanden in den frühen 1990er-Jahren. Die Läden bestehen aus Wohnungen, die so verändert und mit Vorbauten ergänzt wurden, dass eine schaufenstergeprägte Erdgeschosszone entstand.

Nachdem um 2011 in der Nähe Ersatzneubauten für Supermärkte entstanden waren (dort, wo sich auch zu DDR-Zeiten die Kaufhallen befanden, beispielsweise rund um den ungefähr 1 Kilometer entfernten Randowpark), entstand im Warnitzer Bogen und einem Teil des Falkenbogens eine eher kleinteilige, zum Teil migrantisch geführte, zum Teil inhabergeführte Einzelhandelsstruktur. Hier gibt es vorwiegend kleine Läden – der örtliche Edeka ist die einzige großflächige Einzelhandelsimmobilie vor Ort. Dieser Einzelhandel konnte sich stabilisieren, unter anderem, weil der Warnitzer Bogen und ein Teil des Falkenbogens an den stark frequentierten Wegen zwischen den ÖPNV-Zugangsstellen und den Wohngebäuden liegen. In den letzten zehn Jahren hat die Mehrzahl der Läden im Warnitzer Bogen und Falkenbogen durchgehalten.[10] Dass inzwischen alle Bankfilialen geschlossen wurden, ist zwar ein Verlust, ändert aber wenig an der Gesamtsituation. Inzwischen haben verschiedene soziale Einrichtungen, die nach geeigneten Räumen suchten, einen Teil des kleinteiligen Einzelhandels ersetzt. In beiden Ladenzeilen befinden beziehungsweise befanden sich das Welsekiezmanagement, die Anlaufstelle des Programms „Berlin entwickelt neue Nachbarschaften", der soziale Treff und die Beratungsstelle des Vereins Lebensmut, die Anlaufstelle des Neu-Hohenschönhauser Stadtteilzentrums, die kommunale Seniorenbegegnungsstätte und die Schuldnerberatung der Caritas. Außerdem ist die evangelische Kirche direkt am Platz gelegen. Im rückwärtigen „Hof" des Warnitzer Bogens ist der Firmensitz der Wohnungsbaugenossenschaft Humboldt-Universität eG zu finden, die hier seit 2011 außerdem einen öffentlichen Veranstaltungssaal, das komplett neu gebaute Humboldt-Haus, betreibt. Ebenfalls in unmittelbarer Nähe befinden sich der Jugendclub Leos Hütte und die Jugendkunstschule.

Eher ungewöhnlich für Großsiedlungen ist die in ganz Neu-Hohenschönhausen sehr dezentrale Verteilung der soziokulturellen Infrastruktur. Nach den ursprünglichen Plänen wäre durch den Bau eines Kulturhauses am Warnitzer Bogen ein Pendant zum Zentrum am Prerower Platz errichtet und die gesamte

8 Vgl. Interview Ebert/Janke 2021.

9 Vgl. Krüger 2019.

10 Vgl. Interview Ebert/Janke 2021.

Zentralität Neu-Hohenschönhausens auf beiden Seiten des S-Bahnhofs Hohenschönhausen angesiedelt worden. Stattdessen entstand der Quartierspark Warnitzer Bogen (Ladenzeile und Park haben nun denselben Namen). Bis heute wird immer wieder beklagt, dass das Kulturhaus fehle, obwohl inzwischen alle seine Funktionen von anderen Gebäuden erfüllt werden und alle entsprechenden soziokulturellen Räume (vom Veranstaltungssaal bis zum Atelierraum) dezentral vorhanden sind, sei es durch Neubau (wie beim Humboldt-Haus), sei es durch Projekte der Stadterneuerung.

Eine weitere Ursache für die Dezentralisierung soziokultureller Infrastruktur liegt im Stadtumbau Ost der Jahrtausendwende, in dessen Folge viele der im gesamten Quartier verteilten Typen-Kitagebäude umgebaut wurden, um soziokulturelle Infrastruktur in den vier Teilquartieren dezentral ansiedeln zu können. Es entstand ein regelrechter Umbau-Gebäudetyp für soziokulturelle Einrichtungen von der Kleinkita über Senioren-, Familien- und Jugendbegegnungsstätten bis hin zu Abgeordnetenbüros (MdA, MdB). Sechs dieser multifunktionalen Objekte befinden sich heute verteilt in den vier Teilquartieren von Neu-Hohenschönhausen. Auch die Jugendkunstschule ist in einer ehemaligen Kita untergebracht.

Das Kirchplatzprojekt

Die unbenannte Freifläche zwischen Kirche, Edeka und Ladenzeile am Falkenbogen wird Kirchplatz genannt. Die Aufgabe des Welsekiezmanagements war, unterschiedliche, sich teils nicht bekannte Akteure miteinander zu verknüpfen und ein Projekt zu entwickeln, welches sowohl die Vermietungsschwierigkeiten der Ladeneinheiten adressiert als auch den Platz belebt. Für das Welsekiezmanagement war von vornherein klar, dass es weder sinnvoll noch machbar gewesen wäre, dort ein komplett eigenes und neues Projekt zu installieren. Die ansässigen Akteure sollten (aus netzwerklichen Gründen) und mussten (aus Ressourcengründen) kooperieren. Die Howoge stellte einen leer stehenden Laden (Wechsel des Ladens 2011/12), etwas Material (z. B. Bänke) und einzelne Personalressourcen im Welsekiezmanagement. Es gab Sachmittel aus dem Stadtumbau. Der Lokale Aktionsplan finanzierte Höhepunktveranstaltungen (2011–2013), kleinere Anschaffungen und die Koordinationsleistung in Form einer personellen Verstärkung des Welsekiezmanagements.[11]

11 Auftragnehmer war der Verein Stadtgeschichten e.V.

Hinzu kamen die kommunalen Mittel, die ohnehin an die Projekt-
partner*innen Leos Hütte und Jugendkunstschule als Regel-
finanzierung gingen, sowie das ehrenamtliche Engagement
der evangelischen Kirchengemeinde, das hauptsächlich darin
bestand, im von der Howoge zur Verfügung gestellten Laden
Essen an Bedürftige auszugeben. Dieses Konglomerat an Ressourcen verursachte einen erheblichen Steuerungsaufwand und
gewisse Konflikte, da mit jedem Akteur, mit jedem Finanzierungs-
hintergrund ein Eigeninteresse verbunden war.

Die Kirche öffnete ihre Türen (für Küche, Wasser, Strom,
Rückzug an Regentagen). Die Kinder nahmen sich der Bänke
und später auch der Betonmauer an, die Schmierereien hörten
auf. Ab 2010 beteiligte sich die Jugendkunstschule mit einem
Malangebot für Kinder an den Aktivitäten. Eine Gruppe von
Jugendlichen engagierte sich sehr stark für dieses Vorhaben,
das ohne ihren Einsatz so nicht möglich gewesen wäre. Ein regel-
mäßiges Angebot schuf Verlässlichkeit und die Möglichkeit, neue
Bekannte wiederzutreffen und sich längerfristig einzubringen.
Einmalige Veranstaltungen setzten Höhepunkte der Belebung
des Platzes und stärkten durch das gemeinsame Vorbereiten
die Vernetzung der Akteure.

Manchmal braucht es nicht mehr, um Begegnungen zu
ermöglichen, als den sprichwörtlichen gemeinsamen Tisch, der
jeden Montag auf dem Platz aufgebaut wurde, und die Einladung,
eine Tasse Kaffee oder Tee zu trinken. 2011 wurde der Tisch zu
einer Art Institution. Tee aus verschiedenen Ländern, traditionell
serviert, konnte verkostet werden. Die Teenachmittage wurden
mit weiteren Aktivitäten kombiniert, zum Beispiel mit Livemusik,
Laternenbasteln oder Gärtnern. Mittwochs traf man sich auf dem
Kirchplatz zum Basteln und Malen, zu Reinigungsaktionen (regelmäßiger Frühjahrsputz, Streichen der Bänke) oder einfach nur
zum Zuschauen und Reden. Die hauseigenen DJs der Jugendfreizeiteinrichtung sorgten für Musik. Das Mondfest wurde zum
Anlass, ein buntes, interkulturelles Fest auf dem Kirchplatz zu
feiern – mit vietnamesischem und deutschem Tanz- und Musik-
programm, Laternenumzug um den Block, Fotoshooting, Mär-
chenzelt und internationalen kulinarischen Spezialitäten. Das
Mondfest bildete in beiden Jahren den herbstlichen Abschluss
der Sommeraktivitäten auf dem Platz.

Im Winter wurden die Aktivitäten teilweise im von der
Howoge zur Verfügung gestellten Laden fortgesetzt, der im Sommer bewusst nur als Lager und Schaufenster genutzt wurde, um

2 Laden des Welsekiezmanagements am Kirchplatz.

sicherzustellen, dass der Platz belebt wird. Das Ziel des Welsekiezmanagements, unterschiedliche Anwohnergruppen gemeinschaftlich anzusprechen, wurde erreicht, auch wenn manche
Aktionen tageweise und segmentiert stattfanden und es beispielsweise einen Tag der Jugendlichen und einen Tag der Viet-
names*innen gab. Das auf dem Kirchplatz entstandene Netzwerk
umfasste vier Hauptgruppen: Alteingesessene, etwa die Mitglieder der Kirchengemeinde oder die sogenannten Strickmädels aus
der Seniorenbegegnungsstätte; Neubürger*innen, insbesondere
solche, die nicht unbedingt damit gerechnet hatten, aus anderen
Quartieren der Stadt verdrängt zu werden und in Neu-Hohenschönhausen zu landen. Diese Gruppen stellten einen erstaunlich
großen Teil der besonders Engagierten, die allwöchentlich vorbei-
kamen. Die weiteren beiden Gruppen waren die Jugendlichen aus
Leos Hütte und ein stadtweit agierender migrantisch geprägter
Verein der vietnamesischen Community, der sich auch in diesem
Stadtteil als Wohlfahrtsverein etablieren wollte.[12]

12 Aus der damals verfassten
Projektbroschüre, in der das
Kirchplatznetzwerk dokumentiert wurde, wird hier indirekt
zitiert.

Die Idee der Niederschwelligkeit war damals etwas Neues – also die Idee, nicht vereinsmäßig organisierte Aktivitäten anzubieten. Es ging darum, ein Projekt zu fördern, das eben nicht bei einem Träger der Wohlfahrtspflege an dessen Ort stattfindet, sondern in den öffentlichen Raum hineinwirkt. In Neu-Hohenschönhausen war dies umso wichtiger, als sich die meisten dieser Trägerschaften in früheren, nun umgebauten Kitas niedergelassen haben, die aufgrund ihrer städtebaulichen Historie nicht einfach zu finden sind: Sie liegen häufig in Hofsituationen, werden durch einen Garten betreten und besitzen keine Schaufenster. Genau das war beim Kirchplatz und dem Laden direkt daran anders – sie sind merklich niedrigschwelliger zu erreichen, im wörtlichen wie im sozialen Sinne des Wortes.

Das zweite wichtige Anliegen des Welsekiezmanagements war, sichtbar zu machen, dass die Siedlung nicht mehr so homogen wie vor 25 Jahren bei ihrer Gründung zu DDR-Zeiten ist. Deshalb wurde die vietnamesische Community einbezogen. Die Aktivitäten mit ihr waren immer ein Höhepunkt,[13] aber am Ende hat „der Verein sich dann auch von Lichtenberg nach Marzahn bewegt […]. Der ist jetzt an die Reistrommel[14] angebunden."[15]

Letztlich ist es also nicht gelungen, diesen Verein dazu zu bringen, sich als einer von mehreren Vereinen des Stadtteils zu begreifen – sein Selbstverständnis blieb das eines Vereins für die vietnamesische Community, egal ob diese in Neu-Hohenschönhausen oder anderswo am (Ost-)Berliner Stadtrand lebt. Aus heutiger Perspektive ist dies völlig normal, aber damals schien der Versuch, einen regional aufgestellten, communityspezifischen Verein dazu zu bewegen, sich auf Quartiersebene zu verankern und mit quartiersspezifischen Vereinen[16] zu kooperieren, vielversprechend. Denn die Bedingungen für den vietnamesischen Verein, mit den anderen Vereinen vor Ort nachbarschaftlich zu kooperieren, waren tatsächlich günstig, weil die meisten von diesen gewohnt waren, im Rahmen von Quartiersprojekten zusammenzuarbeiten.

Erfolge und Wirkungen

Nichtsdestoweniger gab es bis zur Pandemie von 2020 jedes Jahr weiterhin einen Kirchplatzsommer mit zahlreichen Veranstaltungen auf dem Platz.[17] Zudem gelang es, die 2010 begonnenen *Urban-Gardening*-Projekte weiterzuführen – sie wurden

13 Vgl. Interview Ebert/Janke 2021.

14 Einer der bekanntesten Berliner Vereine der vietnamesischen Community.

15 Vgl. Interview Ebert/Janke 2021.

16 Zur Entstehung dieser Vereine (meist in der Wendezeit um 1990) vgl. Ebert, Matthias, et al. (Hg.): *Hohenschönhausen Gestern und Heute. Zeitenwende – Wendezeiten.* Berlin 2010.

17 Vgl. Interview Ebert/Janke 2021.

3 Begegnungen auf dem Kirchplatz.

von der Kirchengemeinde übernommen. Allerdings wurde das Gärtnern so eher zu einer Aktivität der Trägerin mit ihrer eigenen Milieugruppe. Auf diese Weise wurde ein Teil der Aktivitäten in der Tat verstetigt.

> „Aber es steht und fällt mit dem Träger. Wenn die Kirche da nicht wäre, dann wäre da auch nichts passiert. Wir haben bei uns versucht, den Wartenberger Bahnhofsvorplatz zu aktivieren. Das hat nicht ganz so gut geklappt. [...] Da gibt es halt keinen Akteur, der da was macht. Wenn sich da einer entschließen würde, einmal pro Woche draußen zu stehen, wäre das anders. [...] Aber es gibt halt keine personellen Kapazitäten."[18]

18 Ebd.

Dieser Vergleich verdeutlicht, was die Konstellation am Kirchplatz 2011/12 auszeichnete: dass das Welsekiezmanagement über Personalressourcen verfügte, die Aktivitäten zu koordinieren. Diese Ressourcen wurden gebraucht, um die unterschiedlichen personellen Ressourcen der Trägerschaften zu aktivieren, die sonst für gemeinsame Aktivitäten gar nicht zur Verfügung gestanden hätten. Genau diese personellen Zusatzressourcen fehlen am Wartenberger Vorplatz, obwohl dieser am S-Bahn-hof viel prominenter in der Großsiedlung liegt und es dort ein ähnliches soziokulturelles Infrastrukturcluster gibt.

Während der Zeit des Welsekiezmanagements konnten die unterschiedlichen Milieus auf dem Kirchplatz tatsächlich zusammengebracht werden: Menschen aus der Kirchengemeinde, dem vietnamesischen Verein, der nahegelegenen Jugendfreizeiteinrichtung und der Jugendkunstschule sowie der eher unorganisierten Neueinwohnerschaft, die aus finanziellen Gründen erst jüngst zugezogen war. Das Leitmotiv war, die Großsiedlung als neue Heimat erlebbar zu machen – egal, ob der Weg nach Neu-Hohenschönhausen nur wenige Kilometer betrug, weil man aus der sich gentrifizierenden Innenstadt verdrängt worden war, oder ob er sich auf mehrere Tausend Kilometer belief, weil man aus einem fernen Land zugewandert war. Die Idee, jenen unbekannten Ort namens Kirchplatz als Ort der *Arrival City*[19] zu verstehen, mag zunächst weit hergeholt erscheinen, denn außer der Tatsache der Ankunft als solcher ist das Zuziehen in eine Großsiedlung etwas anderes als die Integration migrantischer Milieus in eine wie auch immer strukturierte Mehrheitsgesellschaft. Doch auch das Zuziehen in eine Großsiedlung am Stadtrand kann eine Umstellung des Lebens, die Ankunft in einer neuen Heimat bedeuten.

Vielschichtige Aktivitäten in den öffentlichen Raum zu bringen – das kann die Heterogenität einer vormals relativ homogenen Großsiedlung auf eine nicht diskriminierende Weise sichtbar machen. Ob dadurch ein friedvolles Nebeneinander samt Akzeptanz unterschiedlicher Lebensformen oder ein aktives Miteinander erreicht wird, ist sekundär, auch im Rückblick auf das Kirchplatzprojekt. Es war gut, dass damals ein Verein der vietnamesischen Community und Vereine, die in der Wendezeit in Ostberlin gegründet wurden, an einem gemeinsamen Projekt arbeiteten. Es war vielleicht gar nicht nötig, sie dazu zu bringen, fortlaufend solche Projekte zu verfolgen. Aber es ist erfreulich, herausgefunden zu haben, dass sie es fallweise können.

19 Vgl. Saunders, Doug: Arrival City. Die neue Völkerwanderung. München 2013.

Direkter Urbanismus und performative Interventionen

Paul Rajakovics (transparadiso)

„Das Recht auf Stadt offenbart sich als höhere Rechts-
form: das Recht auf Freiheit, auf Individualisierung in der
Vergesellschaftung, auf das Wohngebiet und das Wohnen.
Das Recht auf Werk (auf mitwirkende Tätigkeit) und das
Recht auf Aneignung (klar zu unterscheiden vom Recht
auf Eigentum) bringen sich in dieses Recht auf Stadt ein."[1]
1974 stellte Lucius Burckhardt in einem aufsehenerregenden
Aufsatz die Frage „Wer plant die Planung?"[2], womit er das professionelle Selbstverständnis der Planenden und ihr Verhältnis zur
Politik grundlegend hinterfragte. Das gleichnamige, 2004 post-
hum erschienene Buch[3] ist um viele Artikel aus den 1960er- bis
1980er-Jahren ergänzt, die die im Buchtitel stehende Frage zu
einer demokratiepolitischen Grundsatzfrage machen und die bis
heute gängigen Planungspraxen noch viel umfassender infrage
stellen. Alle darin angesprochenen Themen wie Architektur,
Umwelt und Politik sind – mit teilweise ein wenig veränderten
Parametern – aktueller denn je. Der titelgebende Artikel macht
schnell klar, dass Planung nicht etwas Eindeutiges, sondern
ein vernetztes Gebilde mit unzähligen Parametern ist und letztlich immer durch dahinterstehende Machtstrukturen getrieben
wird. Demgegenüber steht das Individuum, das sich aus einer
klassischen *Bottom-up-Position* dagegen auflehnen kann. Diese
Dichotomie von *Bottom-up* und *Top-down* hat sich inzwischen
relativiert, nicht zuletzt durch die Individualisierung der Medien.
Heute stellt sich die Frage von widerständigem Handeln in
konkreten urbanen Teilprojekten. „Wer plant die Planung?" ist

1 Lefebvre, Henri: *Das Recht
auf Stadt*. Hamburg 2016,
S. 189. Französische Originalausgabe: Lefebvre, Henri: *Le
droit à la ville*. Paris 1968.

2 Burckhardt, Lucius: „Wer
plant die Planung?" In: Pehnt,
Wolfgang (Hg.): *Stadt in der
Bundesrepublik Deutschland.
Lebensbedingungen, Aufga-
ben, Planung*. Stuttgart 1974,
S. 477–485.

3 Burckhardt, Lucius: *Wer
plant die Planung? Architektur,
Politik und Mensch*. Hg. von
Fezer, Jesko/Schmitz, Martin,
Berlin 2004, S. 71–88.

so zum demokratiepolitischen Grundsatzentscheid zwischen direkter und indirekter Teilhabe und zwischen echter und vorgetäuschter Partizipation geworden. Dabei ist die den Planenden zugeschriebene strategische Rolle durch die nicht zu unterschätzende Kompetenz der Planenden bestimmt, denen der partizipative, vielfach naiv erscheinende widerständische Ansatz nicht gewachsen erscheint – und genau hier wollen wir mit Partizipation und „direktem Urbanismus" ansetzen.

Bevor wir auf die konkrete Frage von Partizipation im Rahmen von „direktem Urbanismus" anhand von zwei konkreten Projekten eingehen, möchten wir uns kurz dem „direkten Urbanismus" widmen: „Direkter Urbanismus" bezieht sich sowohl sprachlich als auch inhaltlich auf Emma Goldmans „*Direct Action*" sowie die Theorien von Henri Lefebvre und Michel de Certeau. „Direkter Urbanismus" adressiert den sozialen Raum und schafft Handlungsräume als eine langfristige Strategie. Der Begriff des „direkten Urbanismus" beruft sich zudem auf Guy Debords „unitären Urbanismus", versteht sich jedoch als eine Präzisierung im Sinne eines weitläufigeren urbanen Zieles, welches konkrete Stadtplanung miteinbezieht. „Direkter Urbanismus" basiert immer auf einer intensiven Vor-Ort-Recherche, die auch selbst zur Intervention werden kann. Vielfach ist es notwendig, dafür konkrete Werkzeuge zu entwickeln, die dann für strategische Ziele eingesetzt werden. „Direkter Urbanismus" widersetzt sich der Forderung nach allseits anwendbaren Rezepten. Stattdessen verfolgt „direkter Urbanismus" das Ziel, kontextuellen Herausforderungen mit immer wieder neuen Ansätzen zu begegnen. Dieser Zugang ist selbst Teil der Methode und wird um die Möglichkeit der künstlerischen Handlung erweitert. Die in dieser Methodik enthaltenen Ebenen der Partizipation sind demnach situationsabhängig, wobei das Ausmaß der Teilhabe sich von Projektphase zu Projektphase unterscheiden kann. Vielfach etablieren diese Projekte im Rahmen kollektiver Wunschproduktion Gemeinschaften, die es davor nicht gab.

Für uns bedeutet das, dass wir nur einen Teil unserer Projekte als Projekte des „direkten Urbanismus" begreifen, jedoch ist für unsere gesamte Praxis – ob vom Städtebau, der Architektur, der Kunst oder dem Wohnbau kommend – die dem „direkten Urbanismus" zugrunde liegende Haltung des Sozialen und Urbanen maßgebend. Ein um den sozialen Raum erweiterter Urbanismusbegriff ist somit eine weitere Grundlage aller Arbeiten von transparadiso.

Der Begriff sozialer Raum – als Raum des Handelns verstanden – ist ein zentraler Begriff in Henri Lefebvres Werk, der sich aus der scheinbaren Ohnmacht gegenüber spätmoderner Planung entwickelte. Das einleitende Zitat von Lefebvre kann nicht nur als Grundsatz der Partizipation, sondern auch als Leitmotiv eines erweiterten Urbanismus betrachtet werden. Insbesondere im Zusammenhang mit den Themen der „Transformativen Partizipation" ist es nicht unwesentlich, den zeitlichen und örtlichen Kontext des Rechts auf Stadt, des „*droit à la ville*", kurz zu beleuchten.

In den 1960er-Jahren wurden um Paris jene Großsiedlungen geschaffen, die die *Banlieues* bis heute prägen. Dabei entstanden in relativ kurzer Zeit Großstrukturen wie etwa in La Courneuve (Teile befinden sich derzeit im Abriss). Hintergrund dieser groß angelegten Planungen war einerseits der wachsende Bedarf an Wohnungen für die zahlreichen französischen Rückkehrer nach dem Ende des Algerienkrieges und waren andererseits die großteils katastrophalen Zustände in den Siedlungen um Paris seit der Haussman'schen Verdrängung ärmerer Bevölkerungsschichten am Ende des 19. Jahrhunderts. Vielerorts fehlten Kanalisation und leistungsstarke Verkehrsanbindungen. Die neuen Stadterweiterungen – im Geiste der Ville Radieuse von Corbusier – wurden mit leistungsstarken Autobahnen mit Paris und dem *Périphérique* verbunden. Der Geist der Moderne, welcher auf Funktionstrennung und eine neue Gesellschaft zielte, hatte vergessen, dass sich Menschen und ihre sozialen Bedürfnisse nicht wie Waren organisieren lassen.

Hier trifft Henri Lefebvre mit seinem Buch *Le droit à la ville* ins Schwarze. Das Buch, 1967 fertiggestellt, erschien erst im März 1968, also in einem wesentlichen Moment gesellschaftlichen Aufbegehrens, welcher nicht auf die Studentenrevolte reduziert werden darf. Vielmehr ging es um den dringenden Wunsch nach tatsächlicher Teilhabe an urbanen Prozessen. In den darauffolgenden Jahren entwickelte Lefebvre seinen Ansatz weiter und schuf schließlich im Rahmen seiner Raumtheorie den Begriff „*espace social*".[4] Er beschreibt diesen als den Raum, den wir mit unseren sozialen Interaktionen erst produzieren, der mit den komplexen Symboliken des Raumes – hier spielt die ganze Psychoanalyse des 20. Jahrhunderts hinein – und der Repräsentation des Raumes verknüpft ist. Die Repräsentation des Raumes entspricht bei Lefebvre der Ebene, in der städtebauliche Planungen und Architektur stattfinden.[5] „Direkter Urbanismus"

4 Vgl. Lefebvre, Henri: *The Production of Space*. Oxford 1991. Französische Originalausgabe: Lefebvre, Henri: *La production de l'espace*. Paris 1974.

5 Vgl. ebd., S. 26–27.

basiert auf dem Schaffen von sozialen Räumen und vermittelt eine neue Ebene von Planung – eine prozessorientierte Planung, die Partizipation integriert.

In spätmodernen städtebaulichen Planungen, die ja Thema der Tagung „Transformative Partizipation" waren, stellt sich die Frage, wie und in welcher Form Partizipation hier einwirken soll beziehungsweise kann. Wir möchten hier zwei Projekte des „direkten Urbanismus" vorstellen, die zeitlich fast zehn Jahre auseinanderliegen. *Commons kommen nach Liezen* wurde 2011 für eine 8000 Einwohner*innen zählende Bezirkshauptstadt in der Obersteiermark realisiert und *NORMAL* wird 2021 im Rahmen der *Kulturstadt 2020* im 300.000 Einwohner*innen zählenden Graz, der am schnellsten wachsenden Stadt Österreichs, seine Umsetzung finden. So unterschiedlich die Kontexte sind, so nehmen doch beide Projekte auf städtebauliche Planungen aus der Zeit nach dem Zweiten Weltkrieg direkt Bezug.

Commons kommen nach Liezen

Bis in die Mitte des 19. Jahrhunderts war Liezen ein relativ unbedeutendes Dorf, dann wuchs es im Zuge der Industrialisierung rasch und wurde 1947 schließlich zur Stadt erhoben. In den 1960er-Jahren wurde der neue Hauptplatz, flankiert von zwei Hochhäusern, gebaut.

> „Im Anschluss an die Stadterhebung nahm Liezen eine städtebauliche Entwicklung, die mit einem großen Verlust an historischer Bausubstanz verbunden war. Der letzte Rest des mittelalterlichen Tabors, das alte Schulhaus, wurde 1983 abgebrochen. Im Gegenzug entstand um 1960 ein von zwei Hochbauten [sic!] markierter Hauptplatz mit einheitlicher Platzrandbebauung im Stil des Funktionalismus. Finanzamt und Arbeitsamt erhielten 1980 einen gemeinsamen Neubau im Stil des Brutalismus."[6]

6 Wikipedia-Eintrag zu Liezen, https://de.wikipedia.org/wiki/Liezen (letzter Zugriff: 01.03.2021).

Auch wenn die stilistische Zuordnung dieses Wikipedia-Eintrages etwas zu hinterfragen ist, bringt sie doch die städtebauliche Entwicklung dieser Kleinstadt auf den Punkt. Der Hauptplatz selbst ist funktional und formal gut strukturiert und verbindet auf für die Nachkriegszeit typische Weise den Busbahnhof mit der Hauptstraße. Kleine Treppen und schmale Fußwege verbinden den Platz mit dem Kulturhaus, dem Rathaus und der Volksschule. Trotz dieser Qualitäten ist der Hauptplatz nur wenig akzeptiert.

1 Spielrunde mit Tangram im Projektlokal, *Commons kommen nach Liezen*, 2011.

Wie ein Journalist anlässlich der *Regionale 2010* festhielt, steht Liezen im Ruf, die „hässlichste Stadt der Steiermark" zu sein.[7] Dieser Ruf ergab sich als Folge einer wenig nachhaltigen Bodenpolitik, durch die Liezen in den letzten vier Jahrzehnten zu einem Einkaufshotspot im geometrischen Mittelpunkt[8] Österreichs geworden ist. In der eher gering besiedelten Region forcierte die Kommune kontinuierlich die Umwidmung von landwirtschaftlichen Flächen. Dadurch entstanden großflächige Shoppingmalls mit einem „idealen" Angebot an Einkaufsmöglichkeiten, das den Geschäftslokalen im Zentrum zunehmend Kund*innen abzog.

In ihrer Verzweiflung formierte sich eine Gruppe von unabhängigen Kaufleuten als Initiative Kirchenviertel, die an das Institut Kunst im Öffentlichen Raum Steiermark herantrat, um ein Kunstprojekt für die leer stehenden Geschäftslokale zu lancieren. Dessen Leiter und Kurator Werner Fenz lud daraufhin transparadiso ein, ein längerfristig wirksames Projekt im Rahmen von *Platzwahl*[9] zu konzipieren und zu realisieren.

Anstatt uns auf Aktionen zur kurzfristigen Behebung der Leerstände zu konzentrieren, entwickelten wir ein Kunstprojekt, das auf deren wirtschaftlichen Hintergründe verwies und damit die Verantwortung der Bürger*innen und Politiker*innen

7 Wolkinger, Thomas: „Mit ehrlichem Blick". In: *Falter*. Nr. 12/2010. Online unter: https://www.falter.at/zeitung/20100324/mit-ehrlichem-blick/1632310124 (letzter Zugriff: 01.03.2021).

8 Innerösterreichischer Kreuzungspunkt der Nord-Süd- sowie der Ost-West-Hauptverbindung: Alle größeren Städte (Linz, Salzburg und Graz) sind jeweils ungefähr 120 Kilometer entfernt.

9 *Platzwahl* wollte Kunst-im-öffentlichen-Raum-Projekte längerfristig als Prozess etablieren. Deshalb war auch *Commons kommen nach Liezen* so angelegt, dass es von anderen Künstler*innen und örtlichen Akteur*innen (wie radio freequenns) genutzt und weitergeführt werden kann.

in den Vordergrund stellte. Fenz formulierte treffend, welcher Kunstbegriff diesem Ansatz zugrunde liegt:

> „Mit diesem Konzept wird die Kunst zu einem Denk- und Aktionsraum, verabschiedet sich auf diesem Weg vom klassischen Werkbegriff der Skulptur, Malerei oder Grafik und greift über eine Reihe von Dialogen direkt in den Lebensraum der Menschen ein.“[10]

In einem ersten Schritt besiedelten wir ein leer stehendes Geschäftslokal als *Artists in Residence* in direkter Nähe zu einer Obstwiese, die wir mit *Commons kommen nach Liezen* als zentralen Ort für die Stadt längerfristig aktivieren wollten. Diese Wiese wurde bis zum Zweiten Weltkrieg als Allmende gemeinschaftlich bewirtschaftet, ist aber im öffentlichen Bewusstsein nicht mehr als solche präsent. Auf dem Stadtplan wird sie sogar als Stadtpark bezeichnet. Hier realisierten wir schließlich eine Skulptur, die durch die Entnahme von Tangramsteinen zum Pavillon wurde.

Der Pavillon aktivierte als Speicher von aufgeschichteten Objekten (großformatigen Holz-Tangramsteinen) – als kollektives Kunstobjekt – den Stadtpark von Liezen. Öffentliche Spielrunden im Projektlokal (mit Tangramsteinen im Maßstab 1:10, die paralleles Spielen ermöglichten) und im Stadtpark boten den Anlass, gemeinschaftlich als Trägerschaft eines kollektiven Besitzes zu handeln, der vom Zusammenwirken von Bewohner*innen und Spielsteinen getragen wurde. Das kollektive Tangramspiel diente als Anlass, aktuelle Themen wie *Commons*, das gemeinschaftlich orientierte Wirtschaften, das Sammeln von Kunst (nicht nur durch Vermögende) und die Zukunft der Stadtentwicklung von Liezen zu diskutieren.

Commons kommen nach Liezen produzierte in einem partizipativen Prozess einen Pavillon für den Stadtpark, der als kollektive Skulptur vorerst mit großformatigen Tangramsteinen, die als Kunstobjekte für einen moderaten Preis zum Verkauf standen, gefüllt war. Die Nutzung als Pavillon wurde erst durch das Kunstsammeln, das heißt den Verkauf der Tangramobjekte, durch den sich der Pavillon leerte, möglich. Das Sammeln regte die Bewohner*innen an, sich weiterhin zu treffen, um gemeinsam das Tangramspiel fortzusetzen und dabei die Zukunft von Liezen weiter zu verhandeln. Die Einnahmen aus dem Verkauf wurden für kleine Events im Pavillon verwendet. Seither aktiviert der Pavillon den Stadtpark, der nun intensiv genutzt wird.

Basierend auf den Gesprächen und Erfahrungen der Events entwickelte transparadiso ein längerfristiges Konzept

10 transparadiso: „Commons kommen nach Liezen“, http://www.transparadiso.com/de/projects/commons-kommen-nach-liezen (letzter Zugriff: 01.03.2021).

2 Pavillon im Stadtpark, *Commons kommen nach Liezen*, 2019.

für die weitere Stadtentwicklung von Liezen, das gemeinschaftlichen Interessen der gesamten Stadt gegenüber rein kommerziellen Interessen Einzelner den Vorrang gab. Leider zeigte sich sehr bald, dass wesentliche politische Entscheidungsträger*innen kaum Interesse hatten (beziehungsweise aus verschiedenen Gründen nicht mehr verfügbar waren), diese nächsten Schritte – die ganz im Sinne von *Platzwahl* waren – zu gehen. Stattdessen wurde vom Gemeinderat der Bau einer noch größeren Shoppingmall beschlossen. Wir entschieden daraufhin, uns aus Liezen zurückzuziehen. Somit konnte das Ziel von *Commons kommen nach Liezen* nicht in der angestrebten langfristigen Dimension realisiert werden.

Die Erfahrungen von *Commons kommen nach Liezen* waren dennoch wichtig für unsere weiteren Projekte und haben grundsätzliche Fragen zu engagierten künstlerisch-urbanistischen Projekten aufgeworfen: Wie können Entscheidungsträger*innen längerfristig in Verantwortung genommen werden, wenn ein Projekt aus anderen Ressourcen finanziert wird? Wie können innerhalb eines temporären Projekts Strukturen aufgebaut werden, die sich längerfristig halten, auch wenn die ursprünglich handelnden Personen nicht mehr verfügbar sind?

3 Intervention mit Indikatormobil, *NORMAL – direkter Urbanismus × 4,*
3rd World Congress of the Missing Things, 2020.

NORMAL – direkter Urbanismus × 4

Aktuell arbeiten wir an *NORMAL – direkter Urbanismus × 4,* einem Projekt für das Kulturjahr Graz 2020, das dezidiert Künstler*innen aufruft, über die Zukunft der Stadt Graz nachzudenken. Für die heute stark wachsende und prosperierende Stadt Graz wurden nach dem Zweiten Weltkrieg mehrere Stadtentwicklungsgebiete ausgewiesen. Im Südosten der Stadt war vorgesehen, die ehemaligen Ziegeleigründe östlich der St. Peter Hauptstraße zu überbauen. In der Folge entstanden in den Bezirken Waltendorf und St. Peter mehrere Siedlungen, etwa die Eisteichsiedlung oder die direkt daran angrenzende Terrassenhaussiedlung. Ihre Bebauungsstrukturen weichen deutlich voneinander ab und interpretieren die Spätmoderne auf unterschiedliche Weise.

Wie in Graz bis heute oft üblich, wurde schon damals die Festlegung der konkreten städtebaulichen Struktur den Projektarchitekt*innen überlassen. Das führte bei der seit 1965 geplanten und 1972–1975 errichteten Terrassenhaussiedlung[11] zu einem herausragenden Ergebnis und bei der Eisteichsiedlung (1958–1964 errichtet) eher zu einem mittelmäßigen. Die dort wenige Jahre danach von Ferdinand Schuster errichtete Kirche St. Paul (1968–1970) kann jedoch als beispielhafter Höhepunkt

11 Architekten: Werkgruppe Graz – Eugen Gross, Friedrich Groß-Rannsbach, Hermann Pichler, Werner Hollomey.

des Kirchenbaus nach dem 2. Vatikanischen Konzil betrachtet werden. Sie wurde als multifunktionales Gemeindezentrum errichtet, was damals innovativ und reformatorisch war.

> „Der nicht zu ausschließlich liturgischen Zwecken verwendbare Raum mit quadratischem Grundriss besitzt bühnenartige Elemente, die mit Hilfe von Vorhängen vom zentralen Raum getrennt werden können. Erst im Nachhinein wurden den Räumlichkeiten sakrale Elemente hinzugefügt: ein Altartisch mit Reliefplatten, ein Ambo und Portale mit Darstellungen aus Jesu Christi Leben. Ein freistehender Glockenturm aus Stahlträgern mit einem Kreuz wurde später als christliches Zeichen angebaut. Die sakralen Elemente wurden vom bekannten Grazer Künstler Erwin Huber geschaffen."[12]

Aufgrund des ursprünglichen Konzepts als Gemeindezentrum wählten wir die Pfarre St. Paul als Ort für den *Third World Congress of the Missing Things* – unsere Intervention für *NORMAL*, das als umfangreiches Projekt „direkten Urbanismus" lanciert und in vier urbanen Interventionen im Rahmen des Grazer Kulturjahrs 2020 umgesetzt wird.

Das Kulturjahr Graz 2020 betrachten wir als außergewöhnliche Chance, um relevante Stadtentwicklungsthemen, die die Ränder, die periurbanen Räume, betreffen, zu behandeln, die – obwohl die Mehrheit der Bevölkerung in solchen Räumen lebt – kaum im Fokus der Planung liegen. Diese Gegenden, in denen das sogenannte „normale" Leben stattfindet, werden seit vielen Jahren durch eine ungehemmte, konzeptlose Bautätigkeit überformt. Dadurch fehlen hier benennbare Identitäten – außer jener des Unspektakulären, wenn nicht gar der Langeweile. Um diesem Phänomen entgegenzutreten, wählten wir vier Grazer Außenbezirke aus, in denen je eine Intervention im Sinne des „direkten Urbanismus" realisiert werden soll. Dafür luden wir drei internationale wahlverwandte Gruppen ein, sich jeweils einem Bezirk zu widmen. Im Vorfeld stellten wir eine ausführliche Recherche zur Frage, wie sich in den vier Bezirken die fehlende Sozialität manifestiert, zur Verfügung.[13]

Wie kann in diesen periurbanen Gebieten, die trotz ähnlicher Phänomene alle sehr unterschiedlich sind, eine neue Zentralität und Identität, die von Gemeinschaft geprägt ist, mit innovativen künstlerisch-urbanistischen Methoden entwickelt werden? Diese Frage stellt sich umso dringlicher, als in Graz die etablierten periurbanen Stadtteilzentren mit ihren sozialen

12 Wikipedia-Eintrag zu St. Paul (Graz-Waltendorf), https://de.wikipedia.org/wiki/St._Paul_(Graz-Waltendorf) (letzter Zugriff: 18.05.2021).

13 Folgende Projekte werden realisiert: Wetzelsdorf (West): Georg Winter/TanzPflanzPlan AG (Stuttgart/Saarbrücken), *TanzPflanzPlanz*, Grottenhofstraße/Wetzelsdorf, fortlaufende Veranstaltungen und Performances; Liebenau (Süd): orizzontale (Rom), *FLUSS-FLUSS – Castaway on the Mur*, Strand Am Grünanger/Liebenau, Eröffnung 11.06.2021; Andritz (Nord): public works (London), *PLATZEN – School for Civic Action*, Hauptplatz Andritz, 12.–18.07.2021; Waltendorf (Ost): transparadiso (Wien/Graz), *The Third World Congress of the Missing Things*, Pfarre St.Paul/Waltendorf, 31.07.–01.08.2021.

4 Montage, *NORMAL – direkter Urbanismus × 4*, *3rd World Congress of the Missing Things*, 2020.

Strukturen gefährdet sind. Denn sie sind von zunehmendem Flächenfraß durch Supermärkte und Shoppingcenter mit Parkplätzen oder von Nachverdichtung bedroht, die beide eine Nutzung oder Produktion von Qualitäten des öffentlichen Raums vermissen lassen und stattdessen noch vorhandene soziale Strukturen auslöschen. Dieser Mehrheit des Unspektakulären widmen wir uns im Rahmen von *NORMAL*.

The Third World Congress of the Missing Things

Am 31. Juli und 1. August 2021 verwandelt transparadiso in Kooperation mit der Pfarre St. Paul den Parkplatz der Pfarre in ein informelles Kongresszentrum für den non-hierarchischen, inklusiven *Third World Congress of the Missing Things*[14]. Dieser Kongress basiert auf einer Umwertung von Wissen und Expertentum: Hier werden die Themen von der Bevölkerung bestimmt und das Wissen wird gemeinsam mit den Teilnehmer*innen

14 Vgl. www.missingthings.org (letzter Zugriff: 25.05.2021).

produziert. Der *Third World Congress of the Missing Things* hinterfragt, was wir üblicherweise als normal betrachten: diese Wertungen, die scheinbar auf einem gesellschaftlichen Konsens basieren und alles Abweichende als nicht normal und damit als nicht machbar diskreditieren. Der Kongress sucht stattdessen nach Visionen, die über das Mögliche hinausgehen und die für eine soziale und an der Gemeinschaft orientierte Gesellschaft und Stadtplanung eintreten. Unter den *Missing Things*, die bisher als Themen für den Kongress genannt wurden, war wiederholt ein Zentrum in Waltendorf als Treffpunkt. Dabei stellt sich konkret die Frage, welche Rolle ein zeitgenössisches (Dorf-) Zentrum für ein konsumfreies Miteinander in Waltendorf haben könnte – insbesondere nachdem das gewachsene alte Dorfzentrum durch einen Supermarkt und stark verdichteten Wohnbau substituiert wurde. Über faktische Forderungen hinaus wird der Kongress verborgene poetische Qualitäten (die exemplarisch in der Eisteichsiedlung noch vorhanden sind) in den Vordergrund stellen – und über performative künstlerische Formate Fiktionen und Wunschproduktion für das scheinbar Nicht-Machbare anregen. Die Postkarten zur Sammlung der *Missing Things* für den Kongress sind zu den Bewohner*innen von Waltendorf und der gesamten Stadt Graz unterwegs. Die Bewohner*innen werden die Inhalte dieses inklusiven Kongresses bestimmen, der jenseits von üblichen wissenschaftlichen Kategorien agiert, und vielmehr jenem Wissen und jenen Wünschen Raum geben möchte, die in unserer auf Effizienz ausgerichteten Gesellschaft fehlen.[15] Für dieses Projekt wird transparadiso ein temporäres „Kongresszentrum" aus Bambusmodulen errichten, das nach dem Kongress den Bewohner*innen für weitere Verhandlungen über konfligierende Interessen zur Verfügung stehen wird.

15 Vgl. transparadiso: *The Third World Congress of the Missing Things*, http://transparadiso. com/de/projects/third-world-congress-of-the-missing-things (letzter Zugriff: 18.05.2021).

Perspektivwechsel
Welchen Beitrag können partizipative Kunstprojekte zur Transformation von Großwohnsiedlungen leisten?

Ragna Körby

Seit geraumer Zeit finden immer wieder künstlerische Projekte in Großwohnsiedlungen statt, die sich mit der Architektur, den Stadträumen und dem Sozialleben in diesen auseinandersetzen. Sie kreieren neue Bilder, bringen die unterschiedlichsten sozialen Gruppen zusammen, eröffnen kreative Begegnungs- und Kommunikationsorte und spüren Veränderungspotenziale auf. Ihnen gelingt es zudem, eine Vielzahl von Akteur*innen zu vernetzen. Sie werden dadurch Wegbereiter für tatsächliche Veränderungsprozesse.

Stadtplaner*innen sind von diesen Arbeiten oft fasziniert, denn in ihnen werden Themen behandelt und Ziele erreicht, die auch Gegenstand von Stadterneuerungsprozessen sind. In der Kunst werden diese Themen aber weniger technisch ausgedrückt, weil Kunst andere Zugänge finden und andere Zusammenhänge herstellen kann. Kunst wird in anderen Kontexten rezipiert als Stadtplanungsprojekte und erreicht dadurch ein ganz anderes Publikum. Potenziale und Missstände werden aus überraschenden Perspektiven betrachtet oder durch die Projekte überhaupt erst entdeckt. Es ist offensichtlich: Stadtplanungsprozesse können durch Kunstprojekte sehr bereichert werden.

Jedoch unterscheiden sich Kunstprojekte grundsätzlich von Planungsprozessen. Stadtplanung ist zielgerichtet und lösungsorientiert, fokussiert auf technisch-bauliche Maßnahmen und ist eingebunden in politische Aushandlungsprozesse. Kunst hingegen ist ergebnisoffen und unabhängig.

Die künstlerische Freiheit ermöglicht Künstler*innen, kritisch zu sein und bestehende Verhältnisse sichtbar, begreifbar und damit angreifbar zu machen.[1] Die Einbindung von Kunst in Stadtentwicklungsprozesse hat darum zwangsläufig Grenzen. Künstler*innen wehren sich vielerorts dagegen, dass ihre Arbeiten und die von ihnen geprägten Stadträume von Stadtmarketing und Stadtentwicklung für Aufwertungsprozesse instrumentalisiert werden. Die Gentrifizierungsdebatte hat sowohl die Kunstszene als auch die Stadtplanung dafür sensibilisiert.[2]

Großwohnsiedlungen unterscheiden sich jedoch von anderen Orten der „Kunst in der Stadt" dadurch, dass sie kaum im Fokus öffentlicher Aufmerksamkeit stehen. Kunst wird hier weniger eingesetzt, um Marketing und Tourismus zu bedienen. Zudem sind sie keine Orte, wo sich eine Kunst- oder Subkulturszene angesiedelt hat, die den Stadtraum prägt. Gentrifizierungsprozesse finden hier noch nicht statt. Bei vielen Kunstprojekten in Siedlungen kommen die Künstler*innen von außerhalb, was diese oftmals dadurch kompensieren, dass sie ihre Arbeiten partizipativ anlegen. Somit kommen die Inhalte der Projekte eher aus den Orten selbst heraus, ebenso wie das Publikum sich zum großen Teil aus der Bewohnerschaft zusammensetzt.

Partizipative Kunstprojekte sind nicht unbedingt darauf angelegt, den Stadtraum zu verschönern, und bleiben womöglich nicht einmal für längere Zeit sichtbar, aber sie können auf andere Art ihre Wirkung in den Siedlungen, in denen sie stattfinden, entfalten. Partizipative Projekte sind für Stadtplanende besonders interessant, denn es gibt viele potenzielle Schnittstellen zu Stadtentwicklungs- und Beteiligungsprozessen.

Vom Leben in den Großwohnsiedlungen erzählen

Großwohnsiedlungen sind meistens Orte am Stadtrand, die nur von denen erlebt werden, die dort wohnen oder arbeiten. Das, was man nicht kennt, kann wilde Fantasien anregen, die sich in negativen Bildern niederschlagen. Solchen Bildern eine andere Perspektive entgegenzusetzen, ist ein elementarer Baustein von Transformationsprozessen von Siedlungen und ist auch sonst sowohl für die Bewohnerschaft als auch die Bestandshalter*innen (die oftmals dem Gemeinwohl verpflichtet sind) von großer Relevanz.

1 Vgl. Steiner, Barbara: „Komplizenschaft? Zur Rolle von Kunst und Kultur in der zeitgenössischen Stadtplanung". In: *Arch+*. Nr. 173/ 2005, S. 78–79, hier S. 78.

2 Hamburger Kunstschaffende brachten das mit dem Manifest „Not in Our Name, Marke Hamburg!" 2009 explizit zum Ausdruck. Vgl. https://gentrifizierung.org/gentrifizierung/not-our-name-marke-hamburg-manifest/ (letzter Zugriff: 20.02.2021).

Die Bewohner*innen der Großwohnsiedlungen machen immer wieder die Erfahrung, dass vor allem andere über sie reden und urteilen. Ihnen den Raum zu geben, selbst über sich und das Leben in den Siedlungen zu erzählen, ist daher das Anliegen vieler künstlerischer Projekte. Beispielhaft steht hierfür das hier im Buch vorgestellte Projekt *Zeitkapsel Hasenbergl*, durch dessen auf Video aufgenommene Erzählungen der Bewohner*innen ein berührendes Porträt der Siedlung entstanden ist.[3]

3 Projekt-Website: http://zeitkapsel-hasenbergl.de/ (letzter Zugriff: 20.02.2021).

Ein gutes Medium für die Darstellung der Innensicht ist der Dokumentarfilm. Ein breiteres Publikum erreichte die fünfteilige Dokumentarfilmserie *Aschenberg – Ein Stadtteil gibt nicht auf* im ZDF.[4] Sie porträtiert die Bewohner*innen der gleichnamigen Großwohnsiedlung in Fulda und fokussiert auf deren Biografien, Lebenswünsche und -perspektiven. Es werden sehr aufstiegsorientierte, fleißige, integrationswillige Menschen gezeigt, die sich zudem für ihren Stadtteil einsetzen und sich stark mit diesem identifizieren. „Der Ruf der Hochhaussiedlung des Aschenbergs in Fulda war nicht immer gut. Doch die Menschen kämpfen gegen dieses Image, für sie ist der Aschenberg auch eine liebgewonnene Heimat und steht für Zusammenhalt."[5]

4 Dokumentation mit fünf Folgen. Regie: Svaantje Schröder, Christoph Piening. Produktion: Bewegte Zeiten. Auftraggeber: ZDF (2020).

5 ZDFmediathek: https://www.zdf.de/dokumentation/zdfzoom/aschenberg-106.html (letzter Zugriff: 20.02.2021).

Die atmosphärische, narrative Form des Films fördert einen von Empathie geleiteten Zugang zu der Siedlung. Das hat sich das Stadtplanungsamt Frankfurt am Main im Rahmen des Projekts Soziale Stadt in der Siedlung Ben-Gurion-Ring zunutze gemacht und den Dokumentarfilmer Miguel Graetzer beauftragt, dem abstrahierenden Blick von oben und dem in den Medien gepflegten Narrativ des gefährlichen Ghettos eine andere Perspektive entgegenzusetzen.[6] Die gesellschaftlichen Vorstellungen davon, wie Großwohnsiedlungen seien, wirken nämlich auch auf die Akteur*innen von Stadtentwicklungsprozessen, auf Planende, Politiker*innen, Verwaltungsmitarbeiter*innen, Architekt*innen. Die meisten Personen in diesen Positionen haben selbst nie in einer Großwohnsiedlung gelebt und es fehlen ihnen eigene Erfahrungen mit dem dortigen Alltag und sozialen Gefüge. Dabei ist für die Zukunft der Siedlungen ausschlaggebend, welches Bild die Entscheider*innen von den Siedlungen haben – und welche Entwicklungen sie sich überhaupt vorstellen können. Für das Projekt Soziale Stadt ist der Film ein Instrument, um die Ziele der Planung zu vermitteln. Adressat*innen des Films sind an erster Stelle die Bewohner*innen der Siedlung selbst, aber auch die weiteren Partner*innen im Stadtentwicklungsprozess.

6 Der Film *Ben-Gurion-Ring. Portrait einer kleinen Großwohnsiedlung* (2020) begleitet die Bewohner*innen in ihre Wohnungen und auf ihren täglichen Wegen durch die Siedlung. Er besucht auch Menschen, die in der Siedlung arbeiten, und lässt diese über ihre Aufgaben und das Leben in der Siedlung zu Wort kommen.

1 Standbild aus *Ben-Gurion-Ring. Portrait einer kleinen Großwohnsiedlung.*

Auswärtiges Publikum in die Großwohnsiedlungen einladen

Inszenierungen und Aktionen von Theatern, Orchestern und Museen locken ihr angestammtes, hochkulturaffines Publikum in die Siedlungen, das diese dann mit eigenen Sinnen erfahren kann. So zum Beispiel als die Dresdner Sinfoniker auf den Dächern der Siedlung Prohlis zahlreiche Alphörner und Blechblasinstrumente erklingen ließen und den Stadtteil in ein fiktives Alpenpanorama verwandelten. Die Balkone der 17-stöckigen Hochhäuser wurden zu privaten Logen, das Parkdeck avancierte zum Parkett, für das das Publikum Karten buchen konnte.[7]

In verschiedenen Theaterproduktionen, zum Beispiel *X Wohnungen Suburbs*[8], wurde nicht nur im öffentlichen Raum und auf Dächern, sondern sogar in privaten Wohnungen selbst gespielt. Das sowohl von außen als auch aus der Nachbarschaft kommende Publikum erlebte die realen Orte durch inszenierte Situationen verfremdet oder im Scheinwerferlicht in neuem Glanz erstrahlend. Die Künstler*innen kamen aus den Bereichen Architektur und bildende Kunst und traten als und zusammen mit aus der Bewohnerschaft rekrutierten Laiendarsteller*innen

[7] *Himmel über Prohlis.* Produktion der Dresdner Sinfoniker, 2020. Vgl. https://dresdner-sinfoniker.de/himmel-ueber-prohlis/ (letzter Zugriff: 20.04.2021).

[8] *X Wohnungen Suburbs / Märkisches Viertel, Schöneberg.* Künstlerische Leitung: Matthias Lilienthal. Dramaturgie: Arved Schulze, Matthias Rick, 2005.

2 Alphornistin der Dresdner Sinfoniker auf einem Hochhausdach.
Projekt *Himmel über Prohlis*, 2020.

3 Märkische Hütte, Projekt *X Wohnungen Suburbs / Märkisches Viertel Berlin*, 2008.

auf. Die Grenzen zwischen Öffentlichem und Privatem, zwischen Realität und Inszenierung verwischten.

> „Künstlerische Aufgabe ist die Auseinandersetzung mit Alltagsstrukturen, architektonischen und infrastrukturellen Bezugspunkten sowie das Aufspüren von Geschichten und Biografien, die damit verbunden sind. [...] Die Damen aus dem Seniorenheim tanzen auf den Dächern des Märkischen Viertels zu ‚Veronika, der Lenz ist da!‘, während am Boden Rapper Sido sein Gangsterleben zelebriert."[9]

Durch künstlerische Arbeiten gelingt bestenfalls eine Veränderung der Außen- und Innenwahrnehmung. Dabei bewegen sich solche Projekte auf einem schmalen Grat. Einerseits wird das Publikum mit seinen stereotypen Vorstellungen und Fremdheitsgefühlen direkt konfrontiert – andererseits besteht die Gefahr, dass Inszenierungen bestehende Bilder reproduzieren und neue Stereotypen produzieren. Im schlimmsten Fall fühlen sich die Bewohner*innen der Siedlung exotisiert und ausgestellt. Die Kunstprojekte müssen sich diesen Fragen stellen, sonst kann der Ausflug in das „kulturferne Problemviertel" auch zur bloßen

9 Zitat aus der Ankündigungs-E-Mail von raumlabor-berlin, 2005.

Selbstinszenierung als gesellschaftlich relevante und weltoffene Institution werden. Solchen Fragen geht der Theatermacher Volker Schmidt konkret in seinen aktuellen Inszenierungen nach – sein Projekt *Kranichstein represent* stellt er in diesem Buch vor.

Mit Stadtraum und Architektur experimentieren

In den 2000er-Jahren gab es eine Reihe von Projekten, die sich künstlerisch mit sozialistischen Großwohnsiedlungen auseinandersetzten. Nach der Wende wurden diese Siedlungen mit dem Wegfall vieler Arbeitsplätze rasend schnell abgewertet, es gab einen gigantischen Leerstand und vielerorts schien nur noch der Abriss ganzer Siedlungsteile denkbar. Dieser Leerstand wurde von Kunstschaffenden als eine baulich-räumliche Ressource ohne starke ökonomische Zwänge entdeckt. Er bot Platz zum Experimentieren und Ausprobieren und zog besonders westdeutsche Künstler*innen an, für die die riesigen Plattenbausiedlungen einerseits exotisch anmuteten und andererseits Freiräume boten, die es in diesem Maße im Westen nicht gab. Die Bestandshalter*innen förderten „Leerstandskunst" gerne, da sie sich Aufmerksamkeit und positive wirtschaftliche Effekte für ihre Siedlungen erhofften.[10] Fassaden wurden zu Leinwänden für *Street-Art*, leer stehende Gebäudekomplexe zu temporären Galerien und Laboren für die Erforschung urbanen Lebens in schrumpfenden Städten.[11]

Ein in dieser Zeit viel beachtetes und emanzipatorisch angelegtes Projekt war *Hotel Neustadt*,[12] welches vorführte, dass ein Kunstprojekt einen ganzen Ort neu programmieren und mit Bedeutung aufladen, also ein radikales Experimentieren mit Bestandsgebäuden und Stadtraum sein kann. Für das Projekt wurde ein leer stehendes 18-stöckiges Scheibenhochhaus in Halle-Neustadt in ein voll funktionsfähiges Hotel umgewandelt, das zum Austragungsort eines großen Festivals avancierte. Bis zu 100 Jugendliche gestalteten in Ferienworkshops Zimmer des Gebäudes in Hotelzimmer um. Bei der Ausstattung und Einrichtung des Hotels halfen unzählige Neustädter*innen mit, indem sie einem großen Spendenaufruf folgten und vom Handtuch bis zum Aschenbecher Alltagsgegenstände ausliehen. Für das zweiwöchige Festival selbst kamen zusätzlich über 100 Künstler*innen, Performer*innen und Architekt*innen nach Halle-Neustadt,

10 Vgl. Rosenfeld, Elske: „Was macht die Kunst im Leerstand?" In: Oswalt, Philipp (Hg.): *Handlungskonzepte. Schrumpfende Städte*, Bd. 2. Ostfildern 2005, S. 355–361.

11 So zum Beispiel die Projekte *Superumbau* in der Hoyerswerder Neustadt (2004) oder *Blockbuster* in Weißwasser (2004).

12 Das Projekt (2003) wurde von Cora Hegewald, Thalia Theater Halle, und Benjamin Förster-Baldenius, raumlaborberlin, geleitet. Es baute auf den Analysen des Masterplans „Kolorado" und der theaterpädagogischen Kinder- und Jugendarbeit des Thalia Theaters auf.

4 Kinder rennen über den „Grünen Hügel" in Osterholz-Tenever, dem Austragungsort der Stadtteiloper, 2012.

wo sie ortsspezifische Werke und Aktionen entwickelten. Die Teilnehmenden waren bunt gemischt, international oder aus Deutschland – sowohl aus dem Osten als auch aus dem Westen. Die einen brachten ihre eigenen biografischen Erinnerungen an das Leben in Großwohnsiedlungen mit, die anderen ihren Blick von außen. Die Teilnehmenden des Hotelprojekts sahen in diesem nicht bloß ein flüchtiges Theaterevent, sondern vielmehr „eine Tuning-Werkstatt, die Vorschläge für den Alltag und die Freizeit der Anwohner erarbeitete."[13] Manche der Vorschläge wurden von der Stadtverwaltung aufgegriffen und später sogar umgesetzt, beispielsweise ein preisgekrönter Skatepark, der Jugendlichen heute einen eigenen Ort mitten in der Stadt gibt.[14]

In Halle-Neustadt wurde der baukulturelle Wert der Scheibenhäuser in diesem und weiteren darauffolgenden Projekten neu verhandelt. Obwohl der Abriss bereits geplant war, stehen sie bis heute.[15] Die Aufmerksamkeit, die Kunstprojekte auf Gebäude, Stadträume und Themen lenken, hat nachhaltige Effekte. Projekte wie das Hotel Neustadt haben eine ganze Planergeneration geprägt.

13 Hillger, Andreas: „Theater als urbane Intervention". In: Oswalt, Philipp (Hg.): *Handlungskonzepte*. Schrumpfende Städte, Bd. 2. Ostfildern 2005, S. 366–371, hier S. 366.

14 Mit dem Format *Sportification* wurde der Stadtraum als Potenzialraum für neue Sportarten getestet. Die Kommunalpolitik hat die Ideen und den Ruf der Jugendlichen nach mehr Skateplätzen aufgenommen und diese in die Planung miteinbezogen. Gefördert durch die IBA Sachsen-Anhalt, wurde 2009 ein großer Skatepark mitten in der Stadt eröffnet und mit dem Preis „Land der Ideen" ausgezeichnet.

5 Interview mit dem Dirigenten der Stadtteiloper in Osterholz-Tenever, 2012.

„Ein Planer, der Aktionen initiiert und gestaltet, erzeugt einen Kurzschluss zwischen Planungsarbeit und Planungsgegenstand, lässt eine Situation entstehen, die das Sein und Bewusstsein am Ort beeinflussen. Eine Aktion ist dann eine Veranstaltung, die nicht nur referiert, sondern beginnt, produktiv zu werden!"[16] Der damals entwickelte Ansatz lebt in heutigen Partizipationsprozessen weiter, die Orte und Leute durch temporäre Aktionen aktivieren und dadurch die Aneignung von Stadträumen und neue Allianzen entstehen lassen (wie das Projekt *Platzstation* in Köln-Chorweiler von umschichten und Urban Catalyst, 2016).

15 Anlässlich des 50. Geburtstags von Halle-Neustadt wurden in der *Bauwelt* (Nr. 40/41/2014) verschiedene Positionen zur Zukunft des Neustädter Zentrums veröffentlicht, die sowohl für einen Teilrückbau als auch für den kompletten Erhalt plädierten.

16 raumlaborberlin/Maier, Julia (Hg.): *Acting in Public.* Berlin 2008, S. 78.

Kultureinrichtungen – Die Kraft der Kooperation

Nach den Festivals ist die Zusammenarbeit meistens abrupt vorbei, nicht selten fällt danach alles wieder zusammen – auch wenn einzelne Ideen weiterleben. Um langfristige Projekte zu implementieren, benötigt es kontinuierliches lokales Engagement. Die Positionierung eines Stadtteils im gesamtstädtischen Kontext – und damit auch die Identifikation der Bewohnerschaft mit ihrem Stadtteil – wird von den Einrichtungen und Institutionen, die dort angesiedelt sind, beeinflusst. Großwohnsiedlungen sind selten Standorte für gesamtstädtische Einrichtungen – oder gar Angebote der Hochkultur. Es gibt für Menschen, die nicht in der Siedlung leben, damit auch kaum Anlässe, diese Stadtteile aufzusuchen und kennenzulernen.

2007 zog mit der Deutschen Kammerphilharmonie Bremen eine Institution der Hochkultur in die Großwohnsiedlung Osterholz-Tenever[17] – und zwar in das Gebäude der dortigen Gesamtschule. Die Entscheidung war nicht unumstritten; der schlechte Ruf des Stadtteils und seine Entfernung zur Stadtmitte lösten bei den Musiker*innen große Bedenken aus, weil es sich nicht um ein temporäres Projekt, sondern ein langfristiges *commitment* handelte. Es wurde sogar die Sicherheit der Instrumente infrage gestellt. Dass dieses Experiment dennoch gewagt wurde und gelang, ist dem Engagement einzelner Personen (besonders dem Schulleiter und dem Orchesterdirektor) zu verdanken.[18]

Diese zwei Einrichtungen bilden seitdem eine Hausgemeinschaft, die dem Stadtteil viele positive Impulse gibt. Das Schulgebäude, dessen Teilabriss bereits zur Debatte stand, konnte durch die zusätzliche Nutzung saniert werden. Es besitzt nun nicht nur einen Kammermusiksaal, sondern auch eine neue Aula und Mensa, die sich die Schüler*innen mit den Musiker*innen teilen. Dadurch kommt es zwischen diesen zu zahlreichen alltäglichen Begegnungen. Das Orchester setzt sich mit den Akteur*innen und Themen des Ortes künstlerisch auseinander bietet und kontinuierlich musikpädagogische Arbeit an. Dafür gründete es die Initiative Zukunftslabor.

> „Mit großem persönlichem Engagement widmen sich die Orchestermitglieder seitdem den gemeinsamen Projekten mit der Gesamtschule Bremen-Ost, die das Ziel haben, individuelles Wachstum und Selbstbewusstsein mittels Musik zu fördern – in einem benachteiligten Stadtteil mit großen sozialen Herausforderungen."[19]

Große Beachtung über die Stadtgrenzen hinaus erhält das fast jährlich stattfindende Musikevent *Stadtteiloper*. Dafür erarbeiten die Kammermusiker*innen, Schüler*innen und weitere Akteur*innen aus dem Stadtteil gemeinsam eine aufwendige Bühnenproduktion. Die Geschichten, die in den Opernaufführungen erzählt

17 Osterholz-Tenever war Teil eines ExWoSt-Forschungsfeldes (2002–2009). Währenddessen gab es bereits mehrere wegebnende Kulturprojekte, so etwa das Projekt *Sproutbau* (2007).

18 Vgl. Fischer, Thomas: „Stadtumbau und Kultur. Neue Zugänge zur Vermittlung von städtischen Umbauprozessen". Dissertation TU Kaiserslautern, Kaiserlautern 2015, S. 152.

19 https://www.kammerphilharmonie.com/zukunftgestalten/zukunftslabor/ (letzter Zugriff: 20.02.2021).

werden, thematisieren auf fantastische Art die verschiedenen Herkunftsländer der internationalen Bewohnerschaft und feiern das multikulturelle Zusammenleben. Der ganze Stadtteil entwickelt sich seitdem positiv. Das Zusammenspiel der kommunalen Stadtentwicklungsstrategie mit dem langfristigen kulturellen Engagement des Orchesters hat bewirkt, dass Osterholz-Tenever nicht mehr abgehängt ist. Die Gesamtschule Ost hat so sehr an Renommee gewonnen, dass Menschen extra in die Siedlung ziehen, um ihre Kinder auf diese schicken zu können – von Gentrifizierung kann noch nicht gesprochen werden, aber es werden bereits neue Wohnungen für die Mittelschicht gebaut.[20]

20 Vgl. Tönnemann, Jens: „Zukunftsmusik. Ein weltberühmtes Orchester + eine Schule in einem Problembezirk = Harmonie in der Hochhaussiedlung". In: *brand eins. Neuland*. Nr. 6/2013, online verfügbar unter: https://www.brandeins.de/magazine/brand-eins-neuland/land-bremen-mut-macht-erfinderisch/zukunftsmusik (letzter Zugriff: 20.02.2021).

Zusammenspiel von Kunst und Planung stärken

Allen hier beschriebenen Kunstprojekten ist gemein, dass sie neue Bilder geschaffen, Perspektivwechsel ermöglicht und Biografien geprägt haben. Den Kunstprojekten gelang eine ergebnisoffene Art der Ansprache und sie bauten einen Zugang zu verschiedenen Bevölkerungsgruppen auf – auch über sprachliche oder kulturelle Barrieren hinweg. Durch sie wurden Netzwerke und Gemeinschaften aufgebaut, die die zukünftige Stadtentwicklung tragen und unterstützen können.

Kunstprojekte haben ganz andere Möglichkeiten der Aktivierung und des Ausdrucks – eben weil Kunst nicht Planung ist. Kunst erzeugt Wertschätzung und lenkt die Aufmerksamkeit ebenso auf Orte, Themen und Missstände wie auf Potenziale und Zukunftsperspektiven. Kunst muss eine kritische Distanz wahren, denn diese ist nötig, um bestehende Strukturen und Zustände begreifbar und angreifbar zu machen. Dazu kann auch gehören, dass Kunstprojekte Kritik an Stadtentwicklungsprozessen artikulieren oder Gegenentwürfe machen. Gerade dadurch sind sie wichtige Impulsgeber für Planungsprozesse. Andererseits darf Stadtplanung sich nicht ohne Weiteres künstlerische Strategien einverleiben und dabei den emanzipatorischen Anspruch außen vor lassen.[21]

21 Vgl. Steiner 2005, S. 79.

Auf Stadtentwicklungsprozesse haben Kunstprojekte bisher nur wenig Einfluss – die Impulse, die von ihnen ausgehen, werden kaum aufgenommen. Damit dies besser gelingen kann, braucht es eine ergebnisoffenere und sozial engagiertere Grundhaltung aufseiten der Planenden. Kunstprojekte schaffen einen kommunikativen Freiraum, in dem sich die Menschen in veränderten Rollen begegnen (die Entscheider*innen im Publikum, die Bewohner*innen als Akteur*innen) und konfliktbeladene Themen auf andere Art verhandelt werden können. Planer*innen und Politiker*innen sollten selbst Teilnehmende der Projekte und offen für die darin entstehenden Ideen und Erkenntnisse sein – und diese dann in die politischen Aushandlungsprozesse einspeisen. Kunstprojekte ersetzen keine baulichen Projekte und Investitionen – aber sie können mit ihnen Hand in Hand gehen.

Voraussetzung dafür ist aber auch, dass künstlerische Arbeit besser bezahlt wird. Es braucht neue Richtlinien in der Städtebauförderung (oder neue Programme), die es erlauben, kulturelle und künstlerische Interventionen im Rahmen von Stadterneuerungsprozessen zu finanzieren.[22] Einen Schritt in diese Richtung geht das Programm *UTOPOLIS – Soziokultur im Quartier*, das soziokulturelle Zentren, die sich mit der Frage beschäftigen, wie Kunst und Kultur für das Zusammenleben der Gesellschaft in den Stadtteilen genutzt werden können, modellhaft fördert.[23] Wichtig ist aber auch, künstlerische Projekte in Großsiedlungen nicht nur als einmalige, exotische Ausnahmen zu verstehen, sondern sie über Modellprojekte hinaus normal werden zu lassen.

Grundsätzlich gibt es in Planungsprozessen viele potenzielle Schnittstellen zu künstlerischen und partizipativen Formaten. Dafür sollte zukünftig intensiver mit Kulturinstitutionen und soziokulturellen Zentren kooperiert werden. In einem ersten Schritt könnten Stadtplaner*innen die kommunalen Kulturverwaltungen mit in die Steuerungsrunden der Stadterneuerung einladen und gemeinsam Projekte konzipieren.

22 Thomas Fischer schreibt im Fazit seiner Dissertation über die Rolle von Kultur im Stadtumbau, dass es wünschenswert sei, dass in Förderprogrammen „Kultur im Städtebau" analog zu „Kunst am Bau" förderfähig würde (vgl. Fischer 2015, S. 217).

23 Modellvorhaben gefördert von dem Beauftragten der Bundesregierung für Kultur für Medien (BKM) sowie dem Bundesministerium des Innern, für Bau und Heimat (BMI), begleitet vom Bundesverband Soziokultur e.V. Gefördert werden soziokulturelle Zentren und Projekte in Programmgebieten der Sozialen Stadt (vgl. https://utopolis.online/ (letzter Zugriff: 20.03.2021)).

Facetten der Partizipation in der Großwohnsiedlung
*Leipzig-Grünau aus Bewohner*innenperspektive*

Sigrun Kabisch

Großwohnsiedlungen als Beispiel für den Siedlungsbau der Nachkriegsmoderne sind im Verlauf ihrer Existenz zahlreichen externen und internen Einflüssen ausgesetzt. Diese führen zu variierenden Wertschätzungen. Sozialstrukturelle, demografische, baustrukturelle und ökologische Prozesse prägen das jeweilige Erscheinungsbild, welches im Zeitverlauf Veränderungen unterliegt. Im Zuge der gesellschaftlichen Transformation nach 1990 erfuhren die sehr großen ostdeutschen Großwohnsiedlungen einen dramatischen Bedeutungswandel, der bis in die Gegenwart anhält.[1] Einstmals als Wohnstandort begehrt, sehen sie sich vielfach einem persistenten Negativ-Image gegenüber.[2] Dieses von außen auf die Großwohnsiedlungen projizierte Bild steht dem Eigenbild der Bewohner*innen häufig völlig konträr gegenüber. Denn diese differenzieren wesentlich stärker, verfolgen Veränderungsprozesse, erkennen Stärken und Schwächen und verweisen auf kleinräumige strukturelle Unterschiede. Sie nehmen Gestaltungsoptionen wahr, beteiligen sich partizipativ an Projekten und verfolgen aufmerksam die Umsetzung von Investitionen. Zugleich beobachten sie die sozialen Dynamiken vor Ort und die kleinteiligen Veränderungen. Wenn Strategien für die Weiterentwicklung ihres Wohnstandortes ausgearbeitet werden, wollen sie angesprochen werden und ihre Perspektiven einbringen. Ihre Antworten tragen zu einer differenzierenden Einschätzung von Großwohnsiedlungen bei und widerlegen die Beschreibung als monotone Plattenbaubestände. Somit ist eine

1 Vgl. Altrock, Uwe/Grunze, Nico/Kabisch, Sigrun (Hg.): *Großwohnsiedlungen im Haltbarkeitscheck. Differenzierte Perspektiven ostdeutscher Großwohnsiedlungen.* Wiesbaden 2018.

2 Vgl. Kabisch, Sigrun: „Großwohnsiedlung als sozialistisches Wohnmodell und dessen Karriere. Das Beispiel Leipzig-Grünau". In: Breckner, Ingrid/Göschel, Albrecht/Matthiesen, Ulf (Hg.): *Stadtsoziologie und Stadtentwicklung. Handbuch für Wissenschaft und Praxis.* Baden-Baden 2020, S. 283–294.

detaillierte, kontextspezifische Analyse erforderlich, um den Siedlungen und ihren Bewohner*innen respektvoll begegnen und Entwicklungspotenziale und -optionen realistisch abschätzen zu können.

Im Zentrum der hier vorzustellenden Analyse stehen die Perspektiven der Bewohner*innen, ihre Wahrnehmungen und Beurteilungen sowie ihr Engagement mit besonderem Schwerpunkt auf Partizipation. Dies schließt deren Bereitschaft ein, Ressourcen und Spielräume zur Gestaltung der Großwohnsiedlung auf der Basis einer interessierten Informiertheit zu nutzen. Beispiele dafür sind die ehrenamtliche Mitwirkung im Quartiersrat, das Engagement in Vereinen, bei Diskussionsrunden zur Weiterentwicklung des Stadtteils und bei der Gestaltung von Events wie dem Grünauer Kultursommer und dem Markt der Begegnungen. Darüber hinaus zählen auch die Unterstützung im Rahmen der Vorbereitung der Fragebogenerhebung und schließlich das Ausfüllen des Fragebogens dazu. Mit Letzterem, was durchaus auch als Instrument der Partizipation fungiert, wird den Grünauer*innen eine Möglichkeit angeboten, ihre Meinung vertraulich zu äußern. Und darüber hinaus erhalten diejenigen, die nicht gewöhnt sind, sich in der Öffentlichkeit zu artikulieren, eine Chance zur Meinungsäußerung.

Im Folgenden werden das Untersuchungsfeld – die Großwohnsiedlung Leipzig-Grünau – und die soziologische Langzeitstudie vorgestellt. Darin kommen die Bewohner*innen zu Wort.

Die Großwohnsiedlung Leipzig-Grünau

Leipzig-Grünau ist eine der größten ostdeutschen Großwohnsiedlungen. Sie bietet gute und bezahlbare Wohnungen für etwa 44.500 Einwohner*innen, das sind circa 7 Prozent der gesamten Leipziger Bevölkerung. Der Bau dieser Siedlung am westlichen Leipziger Stadtrand auf 10 Quadratkilometern Fläche begann 1976. 1989 umfasste sie circa 38.000 Wohnungen für etwa 85.000 Bewohner*innen, die in acht Wohnkomplexen lebten. In ihrer Geschichte erfuhr die Großwohnsiedlung unterschiedliche und wechselhafte Bedeutungszuschreibungen, die von begehrt über abgelehnt bis zu wiederentdeckt reichen. Diese waren jeweils kontextbezogen und spiegelten den vorherrschenden Zeitgeist wider. Während in der zweiten Hälfte der 1970er- und der ersten Hälfte der 1980er-Jahre das Wohnungsangebot in der Großwohnsiedlung in Ermangelung

1 Blick auf Grünau-Mitte, 2018.

besserer Alternativen gerne angenommen wurde, wuchsen in den Folgejahren defizitbedingt die kritischen Stimmen. Der nun erfolgende sechsgeschossige Wohnungsbau ohne Aufzug, die sich verstärkende Bewohner- und Blockdichte sowie die verzögerte und nicht adäquate Fertigstellung von Versorgungs- und Betreuungseinrichtungen waren dafür die Ursachen. Im Zuge des gesellschaftlichen Umbruchs und des wirtschaftlichen Kollapses in Ostdeutschland in den Jahren 1989/90 zogen viele Menschen in andere Regionen, die ihnen Arbeits- und Ausbildungsplätze boten. Dadurch sank die Einwohnerzahl um 50 Prozent, was dramatische Auswirkungen hatte. Ein Wohnungsleerstand bislang unbekannten Ausmaßes machte in den 1990er-Jahren durchgreifende Maßnahmen erforderlich, um die Funktionsfähigkeit des Wohnstandortes angemessen zu erhalten und die Insolvenz von mehreren Wohnungsunternehmen zu verhindern.

Eine 1998 von der Bundesregierung eingesetzte Expertenkommission kam zu dem Ergebnis, dass etwa eine Million Wohnungen in Ostdeutschland leer stehen. Nur mit Abriss in

2 Markt der Begegnungen, September 2020.

großem Maßstab könne diesem Problem begegnet werden.[3] Auf Basis der Kommissionsergebnisse beschlossen die Bundesregierung und die Länder das Förderprogramm Stadtumbau Ost. In dessen Rahmen sollten bis 2010 etwa 300.000 Wohnungen abgerissen und die verbleibenden Bestände und das Wohnumfeld aufgewertet werden. Der bis 2010 anhaltende Wohnungsleerstand bewirkte eine Verlängerung des Programms Stadtumbau Ost bis 2016.

In Leipzig-Grünau wurden zwischen 2003 und 2017 an verschiedenen Standorten im gesamten Gebiet 6800 Wohnungen durch das kommunale Wohnungsunternehmen LWB und Genossenschaften abgerissen. Als planerische Grundlage beschloss der Leipziger Stadtrat im Jahr 2007 im Rahmen des Stadtentwicklungsplans eine Entwicklungsstrategie Leipzig-Grünau 2020.[4] Diese enthielt eine Festlegung zum Fördermitteleinsatz für die Entwicklung eines Kernbereiches und eines Stadtumbaugürtels. Der Schwerpunkt der Entwicklungsstrategie lag auf dem weitgehenden Abriss der drei Wohnkomplexe in Randlage

3 Vgl. Pfeiffer, Ulrich/Simons, Harald/Porsch, Lucas: *Wohnungswirtschaftlicher Strukturwandel in den neuen Bundesländern. Bericht der Kommission.* Im Auftrag des Bundesministeriums für Verkehr, Bau- und Wohnungswesen. Stuttgart 2001.

4 Vgl. Stadt Leipzig (Hg.): „Entwicklungsstrategie Leipzig-Grünau 2020". Leipzig 2007.

des Stadtteils, im Stadtumbaugürtel. Dort konzentrierte sich
der überdurchschnittlich hohe Wohnungsleerstand. Trotz des
Stadtratsbeschlusses verfolgten die jeweiligen Wohnungsunternehmen, deren Anzahl sich aufgrund der Privatisierungsauffor-
derung im Zuge des Altschuldenhilfegesetzes vergrößert und
diversifiziert hatte, eigene Ziele. Dadurch wurde der Stadtrats-
beschluss obsolet. Die LWB sah in den geförderten Abrissen die
Chance einer umfangreichen Schuldentilgung. Dagegen setzten
die neu im Stadtteil agierenden privaten Wohnungsunternehmen
einerseits auf Schlichtsanierung für die wachsende Zahl Nied-
rigeinkommensbeziehender, deren Mietzahlung gegebenenfalls
durch staatliche Unterstützung garantiert war. Andererseits
fokussierten manche Private und auch Genossenschaften auf
hochwertige Umbauten für Wohnungen im höherpreisigen Seg-
ment, unter anderem mit neuen Wohnungszuschnitten und der
Einrichtung von Dachterrassen.

Die nach 2010 weiter intensivierten und auf unterschiedliche Bewohnerinteressen zugeschnittenen Sanierungsanstren-
gungen und sogar erste Neubauvorhaben auf Abrissflächen
signalisierten Potenziale für eine zukunftsfähige Entwicklung von
Leipzig-Grünau. Seit diesem Zeitpunkt sind bis in die Gegenwart
ein vermehrter Zuzug und eine Stabilisierung beziehungsweise
ein leichtes Wachstum der Einwohnerzahl festzustellen. Diese
erhielt durch den Zuzug einer großen Anzahl von Migrant*innen in
2015 bis 2016 einen Schub. Das zwischenzeitlich beschlossene
Stadtteilentwicklungskonzept Leipzig-Grünau 2030[5] stellt sich
solchen aktuellen Herausforderungen.

5 Vgl. Stadt Leipzig (Hg.): „Integriertes Stadtteilent-wicklungskonzept Leipzig-Grünau 2030". Leipzig 2018.

Soziologische Langzeitstudie

Um Dynamiken und Persistenzen des Wohnens in der Großwohnsiedlung unter Beachtung der sozialen Integration der
Bewohner*innen nachzuzeichnen und zu erklären, wurde mit
dem Erstbezug der Großwohnsiedlung Leipzig-Grünau eine
soziologische Langzeitstudie ins Leben gerufen. Das von Alice
Kahl entwickelte Konzept basierte auf einer Vereinbarung zwischen dem Büro des Chefarchitekten der Stadt Leipzig und
dem Wissenschaftsbereich Soziologie der Karl-Marx-Universität
Leipzig.[6] Unter dem Kurztitel „Intervallstudie Grünau" startete
1979 die Langzeitstudie. Bis 2020 konnten elf Erhebungen, in
deren Mittelpunkt eine umfangreiche Befragung der Bewohner*innen mithilfe eines teilstandardisierten Fragebogens stand,

6 Vgl. Kahl, Alice: *Erlebnis Plattenbau. Eine Langzeitstu-die.* Opladen 2003, S. 41–47.

durchgeführt werden. Diese wurde von intensiven Feldbeobachtungen, Expertengesprächen und Dokumentenanalysen flankiert. Die ersten drei Erhebungen fanden im Abstand von zwei Jahren statt, die folgenden changierten im Abstand zwischen vier und sechs Jahren. Ein stabiler Kern von Adressen bildet die Basis der Studie, der im Laufe der Jahre aufgrund der Bauaktivitäten und der sich diversifizierenden Teilräume ergänzt wurde. Seit der Erhebung 2004 wurden 1000 Fragebögen verteilt. Die genauen Adressen, nicht die einzelnen Wohnungen, wurden wiederholt in die Erhebung einbezogen. In jeder Erhebung wurde mindestens 1 Prozent der Bewohnerschaft jedes Wohnkomplexes befragt. Als Merkmale für die Prüfung der Repräsentativität der Untersuchungsergebnisse wurde die Altersstruktur der Bewohnerschaft herangezogen.[7] Der Vergleich der auf die Altersgruppen bezogenen Daten zwischen der amtlichen Statistik und den Befragten zeigt eine hohe Übereinstimmung in der Altersgruppe 45 bis unter 65 Jahre. In den jüngeren Altersgruppen und in der Gruppe der 65-Jährigen und Älteren sind leichte Unterschiede festzustellen. Werden darüber hinaus die Altersangaben aller Haushaltsmitglieder der Befragten im Vergleich zur Kommunalstatistik betrachtet, dann zeigt sich auch hier eine relativ hohe Übereinstimmung.

Aufgrund einer intensiven Öffentlichkeitsarbeit im Vorfeld jeder Erhebung und einer intensiven Kooperation mit vor Ort tätigen Institutionen, Ehrenamtlichen und engagierten Bürger*innen konnte stets eine große Offenheit und Mitwirkungsbereitschaft der Bewohnerschaft erreicht werden. Die Fragebögen wurden durch trainierte Interviewer*innen persönlich übergeben und zu einem gemeinsam verabredeten Abholtermin wieder eingesammelt. Das persönliche Abholen des Fragebogens, wozu manchmal mehrere Anläufe nötig waren, signalisierte die Wertschätzung der Befragten durch die Forscher*innen.

Dieser persönliche Kontakt wurde genutzt, um das Anliegen der Erhebung zu erklären und die Wichtigkeit des Ausfüllens des Fragebogens zu betonen. Außerdem nahmen viele Befragte die Gelegenheit zur Mitteilung von Informationen über Leipzig-Grünau, die ihrer Meinung nach nicht ausreichend im Fragebogen berücksichtigt waren, wahr. Dadurch kam ein Vertrauensverhältnis zum Ausdruck. So konnte die Motivation zur Mitwirkung so weit verstärkt werden, dass die Rücklaufquoten von auswertbaren Fragebögen zwischen 94 Prozent (1979) und 73 Prozent (2020) betrugen. Die hohen Werte sind ein Beleg dafür, dass die

7 Vgl. Kabisch, Sigrun/ Ueberham, Maximilian/ Söding, Max: *Grünau 2015. Ergebnisse der Einwohnerbefragung im Rahmen der Intervallstudie „Wohnen und Leben in Leipzig-Grünau"* (UFZ-Bericht. Nr. 2/2016). Leipzig 2016.

Inhalte des Fragebogens das Lebensumfeld und den Alltag der Befragten unmittelbar betreffen, sie dazu aussagefähig sind und damit eine Expertenrolle einnehmen können.

Der Fragebogen enthält einen Kern wiederholt eingesetzter, gleichlautender Indikatoren zur soziodemografischen Charakteristik der Bewohnerschaft, zur Wohnzufriedenheit, zu Mobilität und Sesshaftigkeit und zum Image Grünaus. Dadurch konnten die jeweiligen zeitpunktbezogenen spezifischen Wahrnehmungen, Urteile und Perspektiven festgehalten und Einstellungsänderungen im Zeitverlauf erkannt werden. Daneben wurden in jeder Erhebung Themenstellungen von aktueller Relevanz, die Facetten der Partizipation einschlossen, näher untersucht.

Partizipationsmöglichkeiten und -realitäten

In mehreren Erhebungen wurden in den jeweiligen Fragebögen der soziologischen Langzeitstudie Indikatoren eingebaut, die die Mitwirkungsbereitschaft der Befragten hinsichtlich des Zusammenlebens in der Großwohnsiedlung betrafen. So wurde in der Erhebung 2004 (Stichprobengröße N=672) nach dem Engagement für das Wohngebiet gefragt. Auf die Frage, ob man sich in irgendeiner Form für sein Wohngebiet engagiere, antworteten von insgesamt 648 Probanden 88 Prozent mit „nein", vier Prozent mit „nein, würden es aber gerne tun" und acht Prozent mit „ja". Auf den ersten Blick erscheint dieses Ergebnis ernüchternd. Doch immerhin 52 Personen betrachten ihr Wirken als Einsatz für ihr Wohngebiet. Dies betrifft beispielsweise Aktivitäten, um das unmittelbare Wohnumfeld sauber zu halten und die Grünanlagen zu pflegen. Des Weiteren ist man in Vereinen vor Ort oder der Kirche engagiert oder wirkt als Vertreter*in der Mieterschaft. Außerdem engagiert man sich für die Schule und den Kindergarten oder kümmert sich um Sportanlagen.

Eine Voraussetzung für Partizipation im Wohnumfeld ist gute Information. 78 Prozent der Befragten in der Erhebung von 2004 bestätigten, dass sie sich im Allgemeinen dafür interessieren, was in ihrem Wohngebiet los ist. 46 Prozent der Befragten teilten mit, dass sie den Stadtteilladen, einen zentralen Anlaufpunkt, der über die Entwicklung und Aktivitäten im Wohngebiet informiert und zu Veranstaltungen einlädt, besucht hätten. Seit über 20 Jahren erscheint das kostenlose Stadtteilmagazin *Grün-As*. 65 Prozent der Befragten beurteilten dieses Magazin als gute und wichtige Informationsquelle. Auch in den folgenden Erhebungen konnte wiederholt belegt werden, dass das *Grün-As* häufig genutzt wird, um sich über aktuelle Entwicklungen vor Ort zu informieren.

Das Mitspracherecht gegenüber der Vermieterschaft beziehungsweise der Verwaltung bewerteten 40 Prozent der Befragten mit gut bis sehr gut. In der Erhebung 2009 (N=710) wurde für diese Variable der gleiche Wert wie 2004 erreicht. Interessanterweise fiel der Wert in den Erhebungen 2015 und 2020 auf nur noch 30 Prozent. Die Teilhabemöglichkeit der Mieter*innen gegenüber der Vermieterschaft ist deutlich rückläufig, was vermutlich mit der veränderten Vermieterstruktur im Zusammenhang steht: Zwischen 2009 und 2015 hat sich die Anzahl der privaten Vermieter*innen erweitert, und ein Wechsel von Wohnungsunternehmen hat stattgefunden. Von einigen wird offenbar eine Vermietungspolitik vertreten, die dem Mitspracherecht der Mieter*innen nicht die bislang bekannte Bedeutung zumisst.

2015 (N=709) wurde gefragt, ob Angebote der Stadtverwaltung zur Bürgerbeteiligung wahrgenommen werden. Nur 55 Personen bejahten die Frage. Unter ihnen sind mehrheitlich Ältere und Personen mit einer langen Wohndauer in Grünau. Es fällt auf, dass viele Befragte der Meinung, „die Stadtverwaltung erreicht nicht genügend Grünauer", zustimmen (Mittelwert 3,6; 1 = keine Zustimmung, 5 = volle Zustimmung). Die Aussage „Nach der Beteiligung passiert immer nichts", ebenfalls eine kritische Zustandsbeschreibung, erhält einen Mittelwert von 3,3 – also auch eine relativ hohe Zustimmung. Dem gegenüber steht die Überzeugung „Beteiligung und Mitsprache sind für die Grünauer wichtig", die den hohen Wert von 3,9 erzielt. Hier deutet sich ein Kommunikationsproblem an, welches auf eine ungenaue Vermittlung von Inhalten und Umsetzungsprozessen seitens städtischer Akteur*innen schließen lässt.

In 2020 (N=736) wurde nach dem Interesse an ehrenamtlichem Engagement mit dem Verweis auf vier Bereiche gefragt. Unter den vier Angeboten stößt „Sport und Spiel" auf das größte Interesse. Danach folgen auf dem zweiten und dritten Platz „Alt hilft Jung" und „Freizeit und Geselligkeit". Ein geringeres Interesse wird an „Integrationsarbeit und Flüchtlingshilfe" geäußert. Ein Drittel bis ein Viertel der Befragten äußert Interesse an den genannten Bereichen oder ist unentschlossen. Auf jeden Fall lehnen sie diese nicht vollständig ab. Dies bedeutet, dass durchaus weitere Ressourcen vorhanden sind, um gemeinschaftliche

„Fühlen Sie sich in Grünau wohl?"
1979–2020 im Vergleich

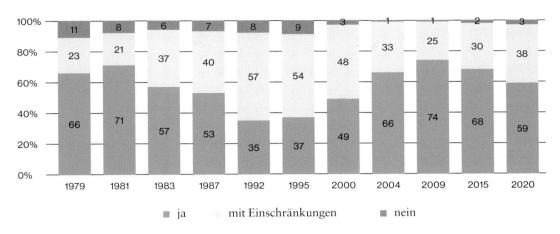

3 Wohlfühlen in Grünau im Zeitverlauf.

„Fühlen Sie sich in Grünau wohl?" (Begründungen)
offene Frage, n = 484, 865 Nennungen

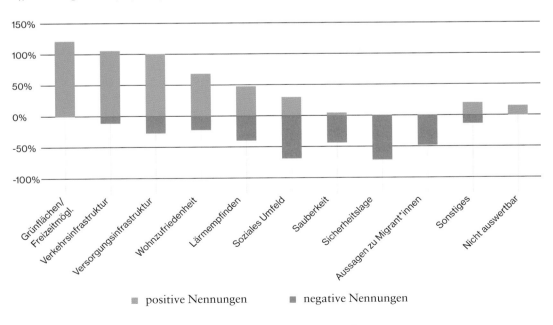

4 Faktoren, die das Wohlfühlen positiv beeinflussen oder beeinträchtigen.

Aktivitäten zu entwickeln und vorhandene weiter zu stärken. Denn der Aussage „In Grünau gibt es viele Vereine und Initiativen – für jeden etwas" wird von der Mehrzahl der Befragten zugestimmt (Mittelwert 3,1 auf der 5er-Skala).

Im Verlauf der letzten 16 Jahren konnten unterschiedliche Facetten der Partizipation aufgezeigt werden. Sie betreffen Engagement, Mitwirkungsbereitschaft und Informiertheit. Sie zeigen auch die Begrenztheit und die Fluidität von partizipativen Ansätzen. Denn Erfolge der Partizipation müssen sichtbar sein, Partizipation muss sich lohnen. Sind diese Bedingungen erfüllt, trägt sie zur Ausgestaltung und Stärkung der Wohnzufriedenheit bei.

Aspekte der Wohnzufriedenheit

Im Verlauf der Langzeitstudie zeigen sich Schwankungen in der Bewertung der Wohnzufriedenheit, was an der Antwortverteilung auf die Frage „Fühlen Sie sich in Grünau wohl?" zu sehen ist. Allerdings bewegen sich die Antworten zumeist zwischen „ja" und „mit Einschränkungen". In der wellenartigen Antwortverteilung spiegeln sich die kontextspezifischen Bedingungen und Veränderungen wider. Um die Gunstfaktoren zu stärken und die einschränkenden Faktoren möglichst abzustellen, lohnt es, die Begründungen für die jeweiligen Antworten genauer zu beleuchten.

Die Befragten wurden gebeten, ihre Antwort mit eigenen Worten zu begründen. In der Abbildung 4 sind die Ergebnisse aus der Erhebung von 2020 stellvertretend für die sechs Erhebungen seit 1992 abzulesen, da sich weitgehende Übereinstimmungen zeigen. Es ist zunächst herauszustellen, dass die Anzahl der positiven Äußerungen die der einschränkenden erheblich übersteigt (536 Nennungen zu 329 Nennungen). Von vorrangiger Bedeutung sind das Grünflächenangebot, die Verkehrsinfrastruktur und die Versorgungsangebote. Werden die Antworten der Befragten nach den acht Wohnkomplexen, in die die Großwohnsiedlung unterteilt ist, analysiert, dann wiederholt sich weitgehend die Auflistung.

Für die einschränkenden Merkmale stehen das sich verändernde soziale Umfeld, Sauberkeitsmängel und Sicherheitsbedenken an vorderer Stelle. Es zeigt sich damit ein verfestigtes Bild hinsichtlich sehr geschätzter physisch-materieller Merkmale einerseits und der kritisch angesehenen Merkmale, die das soziale Zusammenleben betreffen, andererseits. In der jüngsten Erhebung von 2020 kamen Äußerungen über Migrant*innen als neuer Faktor dazu. Diese wurden ausschließlich mit selbst erlebten oder von Dritten berichteten Negativerfahrungen verbunden.

Im Zuge der gesellschaftlichen Transformationsprozesse in Ostdeutschland hat sich eine recht stabile Merkmalskonstellation herausgebildet, die sich im Verlauf der folgenden drei Jahrzehnte nicht wesentlich verändert hat. Das bedeutet auch, dass die Anfang der 1990er-Jahre befürchtete dramatische Entwicklung hin zu einem abgelehnten sozialen Brennpunkt nicht eingetreten ist. Vielmehr hat es im Verlauf der bislang 45 Jahre seit der Errichtung der Großwohnsiedlung verschiedene Wellen des Zuspruchs und der Ablehnung als Wohnort gegeben. Deren Einfluss hat aber nie zu einer völligen Abkehr der Bewohner*innen geführt. Obwohl in den 1990er-Jahren ein starker Aderlass aufgrund des Wegzugs mit nachfolgendem Wohnungsleerstand und Abriss zu verzeichnen war, ist ein Kern von Langzeit-Grünauer*innen erhalten geblieben. Diese stabilisieren in einem hohen Maße das soziale Gefüge und liefern den Beleg dafür, dass es sich in Grünau gut leben lässt. Allerdings taucht zunehmend ihrerseits der Hinweis auf, dass dies nicht für alle Teilräume gleichermaßen gilt. Damit bestätigt sich, dass die Bewohner*innen das Wohnen und Leben in der Großwohnsiedlung genau beobachten.

Die Untersuchungsergebnisse belegen das Interesse der Bewohnerschaft an der weiteren positiven Entwicklung ihres Stadtteils. Im Folgenden werden zwei konkrete Beispiele partizipativen Engagements beschrieben, deren positive Wirkung ausstrahlt und Nutzen für viele Mitbürger*innen hat.

Partizipation vor Ort. Grünolino und Kolonnadengarten

Ein gutes Beispiel für Erfolge durch Partizipation ist die Einführung des Grünolino. Dies ist ein Quartiersbus, der die einzelnen Teilräume Grünaus regelmäßig anfährt und damit eine bessere Anbindung zwischen ihnen und zum Gebietszentrum ermöglicht. Die Idee dazu wurde vom Club der Nachdenklichen entwickelt. Dies ist ein regelmäßiger Grünauer Bürgertreff, der sich um die Entwicklung des Stadtteils Gedanken macht und dabei die Belange der älteren Bevölkerung besonders im Blick hat. Die

5 Grünolino, 2019.

Idee zum Grünolino wurde 2009 an das Quartiersmanagement Grünau herangetragen, das danach mit den örtlichen Verkehrsbetrieben verhandelte und auf Sponsorensuche ging. Im März 2011 startete eine zweijährige Pilotphase. Zwischenzeitlich hat sich dieses Projekt bewährt. Es konnte verstetigt und als Linie 66 in den offiziellen Linienplan aufgenommen werden. In der Befragung von 2015 bestätigten gut 50 Prozent der Befragten, dass sie den Grünolino nutzen. In der Erhebung von 2020 betraf dies 42 Prozent. Gefragt nach der Zufriedenheit mit diesem Angebot (2020), äußerten die Grünauer*innen eine sehr hohe Zufriedenheit (Mittelwert 5,22 auf 7er-Skala). Es zeigt sich, dass in den höheren Altersgruppen der Grünolino besonders häufig in Anspruch genommen wird. In Anbetracht des hohen und stetig wachsenden Anteils von Bewohner*innen im Rentenalter ist mit der Einrichtung des Grünolino ein Projekt gelungen, das zeigt, dass Teilhabe am gesellschaftlichen Miteinander und Vorschläge für die Verbesserung der Lebens- und Wohnbedingungen sich auszahlen.

Ein weiteres Beispiel ist die Anlage und Pflege des Kolonnadengartens. In Grünau existiert eine Gruppe von ehrenamtlichen Gartenfreund*innen, die sich für die Pflege und den Erhalt

6 Kolonnadengarten, September 2020.

des öffentlich zugänglichen Bürgergartens einsetzt. Der Kolonnadengarten ist auf einer ehemaligen Abrissfläche entstanden.
Die Wohnungsgenossenschaft hatte die Fläche 2007 zur Verfügung gestellt, damit engagierte Bewohnern*innen gemeinsam
mit Architekt*innen im Rahmen eines vom Bundesministerium für
Raumordnung, Bauwesen und Städtebau geförderten Projektes
diesen Garten gestalten konnten. Hier kann man sich ausruhen
und den Garten genießen, aber ebenso eine kleine Parzelle in
eigener Pflege übernehmen. Der Bürgergarten wird auch für Veranstaltungen genutzt. Da sich dieser Garten im dicht bewohnten
zentralen Bereich Grünaus befindet, wird er häufig frequentiert.
Allerdings klagt der Sprecher dieser Gruppe über das nachlassende Engagement der Grünauer*innen. Man nehme gerne die
Gelegenheit zum Besuch wahr, aber zur konkreten, dauerhaften
Mitarbeit fänden sich nur relativ wenige Leute. Warum dieses
Angebot nicht umfassender genutzt wird, ist unklar. Möglicherweise hält die öffentliche Zugänglichkeit des Kolonnadengartens Menschen, die mit einem Kleingarten Privatheit verbinden,
von einer Mitwirkung ab. 52 Befragte äußerten in der jüngsten
Erhebung, dass sie einen Kleingarten vermissen. Dieser sei für
sie ein Freizeitbereich, der den privaten Wohnraum erweitere

sowie die körperliche und geistige Betätigung fördere. Er könnte Stolz auf das Selbstgeschaffene erzeugen und für die Kinder im Haushalt einen Spiel- und Aufenthaltsort bieten. Dieser Wunsch nach einem Kleingarten wird auch von Migrant*innen geäußert.

Die Beschreibung dieser konkreten Beispiele des partizipativen Engagements in der Großwohnsiedlung zeigt wie Wohnzufriedenheit in Grünau gelebt und verstärkt werden kann.

Fazit

Die Ergebnisse der soziologischen Langzeitstudie zu Leipzig-Grünau vermitteln einen Einblick in die verschiedensten Facetten der Partizipation in der Großwohnsiedlung aus Bewohnerperspektive. Durch die Teilnahme an der Befragung nutzen die Bürger*innen die Gelegenheit, ihre Belange aktiv einzubringen. Die Befragung selbst bietet eine niedrigschwellige Möglichkeit zur Partizipation, die zudem aufsuchend erfolgt und nicht diskriminiert.

Die Untersuchungsergebnisse belegen die Potenziale und die Grenzen von Mitwirkungsbereitschaft und Engagement. Eine Vielzahl von Einzelaktivitäten ist feststellbar. Aber es gibt auch Zurückhaltung, Unsicherheit und Unwissen, manchmal auch eine gewisse Partizipationsmüdigkeit. Partizipative Aktivitäten finden dann Unterstützung, wenn klare Ziele vorhanden und Erfolge sichtbar sind, wenn persönliche Betroffenheit existiert und Verbesserungen im Alltag erkennbar werden. Partizipation braucht Anregung, um Neugierde zum Mitmachen zu wecken. Eine gute Informationsbasis ist hierfür eine wichtige Voraussetzung. Bei aller Begeisterung für partizipative Ansätze gilt es auch diese Realitäten zu bedenken.

Das Grünau Golf Resort
Konfrontation als Einladung zum Austausch

Daniel Theiler

Die Siedlung Leipzig-Grünau gehört zu den größten Plattenbausiedlungen Ostdeutschlands. Sie ist ein wichtiges Zeugnis der Wohnungsbaupolitik der DDR und daher untrennbar mit der Geschichte der DDR verbunden. Die einst modernen Wohnungen in den neuen Stadterweiterungen waren begehrt, denn anders als in den meist unsanierten Altbauten besaßen die Wohnungen ein Bad, fließend warmes Wasser und eine Fernheizung. Die Wartezeit für eine Zuteilung betrug oft mehrere Jahre, wer viele Kinder hatte oder politische Beziehungen, wurde bevorzugt.

Das Bild der Plattensiedlungen hat sich nach der Wiedervereinigung stark gewandelt: Durch den Wegzug vieler Bewohner*innen fand eine Statusumkehr statt, von der sich die Plattenbausiedlungen bis heute nicht mehr erholt haben. Das öffentliche Bild der Großsiedlungen ist von Vorurteilen geprägt und sie werden häufig mit sozialen Brennpunkten gleichgesetzt. Dies führt zu einer Stigmatisierung, welche die Qualifizierung von Plattenbausiedlungen erschwert. Das Image des angesehenen Milieus aus DDR-Zeiten ist nur noch in einigen Köpfen der Bewohner*innen der ersten Stunde vorhanden – aber auch dieses Bild erschwert eine objektive Bewertung der heutigen Situation in den Plattenbausiedlungen.

Abschlag im Hochhausschatten

Hier setzte das Projekt *Grünau Golf Resort (GGR)* an: Indem es mit einer wiederholten Statusumkehr spielte, warf es Fragen nach Selbst- und Fremdbild der Großwohnsiedlung Leipzig-Grünau auf und führte zu einer differenzierten Auseinandersetzung mit ihrem Image. Das *GGR*, das im Rahmen des internationalen Festivals für Architektur und Kunst *RASTER : BETON* im Sommer 2016 gegründet wurde, implantierte in der Siedlung Grünau für zwei Monate das Image eines elitären Golfklubs. Die großzügigen Grün- und Restflächen der Großsiedlung wurden durch die „Veredelung" zur größten und urbansten Golfanlage der Welt. Sowohl die Bewohner*innen als auch Besucher*innen wurden für die Qualitäten des Siedlungsraums sensibilisiert und dazu angeregt, das Image der Siedlung zu hinterfragen.

Die Bewohner*innen waren plötzlich Teil eines exklusiven Golfresorts: Nur sie wurden direkt Mitglieder des exklusiven Klubs, Nicht-Bewohner*innen konnten nur auf Empfehlung der Bewohner*innen ins *GGR* aufgenommen werden. Die Bewohner*innen erhielten durch ihre Stimme Macht und einen höheren Status; sie wurden folglich aufgewertet. Es fand eine Statusumkehr statt, die den Bewohner*innen ein zeitgemäßes kapitalistisch geprägtes Image verpasste, das als Grundlage für ein neues angesehenes Milieu verstanden werden konnte.

In gewisser Weise kehrte die verloren geglaubte Exklusivität der ersten Jahre in die Plattensiedlung zurück, allerdings in einem kapitalistischen Gewand. Das *GGR* spielte bewusst mit dem Bild des Luxus, das der Golfsport, besonders zu DDR-Zeiten, innehatte. Golfen und die DDR, das passte nicht zusammen. Golf galt wie Tennis als kapitalistisches und feudalistisches Relikt, das beim Aufbau des sozialistischen Staats keinen Platz hatte. Erich Honecker soll den Golf einmal als „bourgeoisen Blödsinn"[1] bezeichnet haben. Auch aus diesem Grund existierte in der gesamten DDR kein einziger Golfplatz.

Doch es gab sie, die Golfer*innen in der DDR, auch wenn es nur wenige waren. Die Ursprünge des Golfsports in der DDR lagen im tschechischen Marienbad in der damaligen ČSSR. Auf dem dortigen Golfplatz kamen viele Interessierte aus der DDR erstmals mit Golf in Berührung. Der DDR-Golfpionier Bernd Rudolph, mit dem ich in Dresden ein Interview führte, gründete im April 1990 gegen alle Widerstände den ersten international anerkannten Golfverband der DDR. Diese

1 Eine eindeutige Quelle gibt es nicht, das Zitat wird aber an vielen Stellen überliefert, beispielsweise von Milbradt, Friederike: „Deutschlandkarte Golfclubs". In: *Zeit-Magazin*. Nr. 40/2019, abrufbar unter https://www.zeit.de/zeit-magazin/2019/40/golfclubs-sport-deutschlandkarte (letzter Zugriff: 17.05.2021).

1 Das *GGR*-Golfcart vor Plattenbauidylle.

2 *GGR*-Klubhaus und *GGR*-Klubcart.

Geschichte präsentierte das *GGR* in einer Ausstellung im Inneren des Klubhauses mit umfangreichem Archivmaterial und einem Interviewfilm mit Bernd Rudolph. Der Golfpionier erschien selbst zur Eröffnung des *GGR* und schlug dort ein paar Bälle.

Eklektizistisch kreierte Wirklichkeit

Neben der Auseinandersetzung mit dem Ort und seiner Geschichte spielen Ironie und Humor in meinem Arbeiten eine zentrale Rolle. Auch wenn es sich beim *GGR* um einen temporären, fiktiven Golfklub handelt: Mir ist in meinen Projekten wichtig, dass sie echt und authentisch wirken, sodass Realität und Fiktion miteinander verschwimmen. Das Klubhaus des *GGR* war dem Klubhaus des Royal Golf Club Marienbad nachempfunden und war somit eine Hommage an die Ursprünge des DDR-Golfs. In Grünau wurde es im Maßstab 1:2,5 nachgebaut. Der Grundkörper des Gebäudes bestand aus drei miteinander verbundenen, einfachen Fertiggartenhäusern, die mit einer bemalten Showfassade versehen wurden. Das Kunstwerk bezog sich damit

3 Schülerinnen lackieren die Klubhausfassade.

auf den *Decorated Shed*, den Robert Venturi und Denise Scott Brown in *Learning from Las Vegas* beschreiben.[2]

Durch die Verknüpfung historischer Artefakte mit spezifischen Orten versuche ich komplexe Themen spielerisch anzugehen und eklektizistisch zu etwas fruchtbarem Neuen zusammenzufügen. Das Design des *GGR*, das sich an die blau-gelbe Gestaltung der früheren FDJ (Freie Deutsche Jugend) anlehnte, schlug auf ironische Weise eine Brücke in die Vergangenheit und evozierte einen Abgleich mit der Gegenwart. Das Golfcart stammte von der 1971 gegründeten Firma Melex aus dem polnischen Mielec – ein echtes Ostblock-Original. Hätte es in der DDR Golfplätze gegeben, hätte man es dort garantiert auf dem ein oder anderen Grün gefunden. In jedem Fall könnte das Modell in Marienbad gefahren sein. Auf den vielen Fahrten mit dem Golfcart durch das Quartier lernte ich viele Bewohner*innen kennen, vornehmlich Jugendliche, die Spaß am Herumfahren hatten, und ältere Menschen, die ich vor der Kaufhalle einsammelte und mit ihren Einkäufen nach Hause brachte. Eine Fahrt in solch einem kompakten Gefährt bietet die ideale Gelegenheit, um mit den Bewohner*innen in Kontakt zu kommen.

2 Vgl. Venturi, Robert/ Scott Brown, Denise/Izenour, Steven: *Learning from Las Vegas. The Forgotten Symbolism of Architectural Form*. 2. Aufl. Cambdrige, Mass. 1977 [1972], S. 90–91.

4 Der Golfprofi Steve Murphy gibt Haltungstipps.

Narration und Konfrontation

In meinen Arbeiten versuche ich, Orte und Ereignisse zu schaffen, Situationen, die Menschen anziehen, Fragen aufwerfen und
sie einbinden. Diese Situationen bieten Anknüpfungspunkte,
um darüber ins Gespräch zu kommen und sich auszutauschen.
Häufig wird dabei auch Sekt getrunken. Im Fall des *GGR* entstand der Kontakt über das Narrativ des exklusiven Golfklubs. Es
ebnete den Weg zu Gesprächen über die Geschichte und Entwicklung des Stadtteils. Neben dem Normalbetrieb des *GGR*, mit
der Möglichkeit Golf zu spielen oder einfach auf einen Plausch
am Klubhaus vorbeizukommen, ermöglichte ich das über Veranstaltungen wie Golfschnupperkurse mit echten Golfprofis oder
das Abschlussturnier Grünau Open. Mir geht es darum, die Menschen mit meiner Arbeit und mit mir zu konfrontieren: Ich möchte
sie einbeziehen. Das beginnt bei den Vorbereitungen, beispielsweise beim Transport von Material, für den ich Menschen vor
Ort um Hilfe bitte. Das geschieht bei der Installation der Arbeiten
vor Ort. Im Falle des *GGR* passierte das beispielsweise beim
gemeinsamen Aufbau des Klubhauses mit Jugendlichen, die

5 Golfer*innen bei den Grünau Open.

6 Golffahnendesign in FDJ-Farben.

aus Neugierde den Aufbauplatz besuchten; oder beim Lackieren der Fassade des Klubhauses, das zum größten Teil von Kindern übernommen wurde, die in ihren Sommerferien sonst nichts mit sich anzufangen wussten. Diese gemeinsamen Aktionen waren nicht im Vorfeld geplant, alles ergab sich vor Ort.

Das *GGR* war ein Vehikel, um mit den Menschen vor Ort ins Gespräch zu kommen und um Besucher*innen aus anderen Stadtteilen anzulocken. Tatsächlich fanden einige Bewohner*innen aus dem beliebten Plagwitz oder aus der Südvorstadt das erste Mal den Weg nach Grünau. Häufig werde ich gefragt, was von diesen „Situationen" bleibt, nachdem die Arbeiten abgebaut wurden. Die Antwort ist leicht: Was bleibt, sind die Erinnerungen an die Menschen und Gespräche und das Gefühl für einen Ort, den es so nicht mehr gibt.

Kranichstein represent
Ein ganzer Stadtteil wird Bühne

Volker Schmidt

Im Sommer 2019 realisierte das Staatstheater Darmstadt ein partizipatives Theaterprojekt, das für einige Wochen den Stadtteil Kranichstein in eine Bühne verwandelte. Anwohner*innen und Schauspieler*innen des Staatstheaters spielten Seite an Seite und führten die Zuschauer*innen entlang eines Stationentheaterparcours durch das Viertel. Es wurde auf den Straßen, in Wohnungen, Tiefgaragen, im Einkaufszentrum, auf dem Brentanosee, zwischen den Hochhäusern und in der angrenzenden Reihenhaussiedlung gespielt. Ich durfte als Regisseur und Autor dieses Projekt umsetzen. Wir erarbeiteten gemeinsam eine fiktionale Folie, die sich für einige Wochen über das Leben des Stadtteils Kranichstein legte. Darin fanden sich die seltenen und so wertvollen Momente, in denen offenbar wird, dass unsere Realität nur eine von mehreren Möglichkeiten ist, wie Leben stattfinden kann.

Angefangen hatte alles mit einer Anfrage des Schauspieldirektors des Staatstheaters Darmstadt, Oliver Brunner, der sich von mir wünschte, eine Theaterarbeit über Kranichstein zu realisieren. Aufgrund der Geschichtsträchtigkeit von Kranichstein, angefangen vom fürstlichen Jagdschloss bis hin zu Ernst Mays letztem großen Siedlungsprojekt, sowie der diversen Bevölkerungsstruktur und widersprüchlichen öffentlichen Wahrnehmung sei es interessant, den Stadtteil einer theatralen Betrachtung zu unterziehen, meinte er. Uns war schnell klar, dass wir diese Theaterproduktion nicht im Staatstheater realisieren, sondern mit dem Theater in die Peripherie gehen und Kranichstein selbst zur Bühne machen wollten. Vor dem Start dieses

Projekts hatte ich als Wiener weder eine Ahnung von Darmstadt noch von Kranichstein, geschweige denn von Ernst May. Meine Hauptqualifikation bestand zu diesem Zeitpunkt darin, mich auf alles vorurteilslos einzulassen. In einem mehrmonatigen Rechercheprozess setzte ich mich gemeinsam mit dem Dramaturgen des Staatstheaters, Maximilian Löwenstein, intensiv mit dem Stadtteil und seiner Geschichte auseinander. Wir ließen uns auf die Brutalität und Eleganz seiner Architektur ein, wurden auf Hochhausdächer und in Tiefgaragen geführt, trafen Sozialarbeiter*innen, Stadtplaner*innen und viele Anwohner*innen in Bürgercafés, Stadtteilrunden und im Kraftraum des Jugendclubs.

      Ich erfuhr recht schnell von der Bürde des schlechten Rufs, den Kranichstein in Darmstadt hat. Es sei ein gefährlicher Stadtteil, voller sozialer Probleme. Wie sich herausstellte, ist das ein völlig ungerechtfertigtes Vorurteil, das seine Ursachen in der Vergangenheit hat. Aufgrund von finanziellen Problemen bei der Errichtung der Siedlung in den Jahren 1968 bis 1969 wurde ein überproportional hoher Anteil an geförderten Sozialwohnungen geschaffen, was in einer sozialen Schieflage resultierte. Die Probleme führten über die Jahre jedoch zu einem umso größeren Engagement, diese auch zu lösen. Nicht nur das Bund-Länder-Programm Soziale Stadt, sondern auch die Stadtteilrunde, die Arbeit der Diakonie, die Familienwerkstatt Menschenskinder, das Jugendcafé Chillmo und der Jugendclub sowie viele engagierte Akteur*innen haben ein enges soziales Netz geschaffen. So wirkte der Stadtteil auf mich eher wie ein Dorf, in dem sich alle kennen, und weniger wie ein anonymes Großstadtviertel. Dieses enge, bereits existierende Netzwerk hat den Erfolg dieses partizipativen Theaterprojekts überhaupt erst möglich gemacht.

      In einem mehrmonatigen Rechercheprozess setzten wir uns mit den Einwohner*innen Kranichsteins und deren Lebenserfahrungen auseinander. Gemeinsam mit der Produktionsleiterin Döndü Kilic starteten wir einen intensiven Castingprozess, der abseits aller konventionellen Methoden vor allem auf persönlichen Kontakt, das Aufsuchen von sozialen Begegnungsstätten und *Street Casting* baute. Es fand sich so schließlich neben den vier professionellen Schaupieler*innen des Staatstheaters ein Darstellerteam von 15 Lai*innen zusammen: alte und junge Anwohner*innen unterschiedlicher Herkunft, eine Gruppe von Tänzer*innen, die im hiesigen Jugendclub Rope trainierten, der Stadtteilpolizist Sascha Rühl und Teile des Chors des ökumenischen Gemeindezentrums.

1 Das Ensemble des Gedächtnis' von Kranichstein aus *Kranichstein represent*.

Einhergehend mit mehreren Theaterworkshops und Proben entstand aus den Geschichten der Bewohner*innen wie auch aus der Historie der Siedlung im Verlauf eines Jahres nach und nach ein multiperspektivisches Stationentheaterstück mit dem Titel *Kranichstein represent (Deutschland braucht das)*, das versuchte, den vielen Sichtweisen und Lebensrealitäten gerecht zu werden. (Der Titel wurde übrigens dem Rap-Song *Halt die Fresse* von Olexesh, der aus Kranichstein stammt, entnommen). Es bedeutete auch eine intensive Auseinandersetzung mit dem Wechselspiel zwischen Stadtplanung und Lebenswirklichkeit, sozialer Utopie und alltäglichen Herausforderungen. Da wir dem Thema nach der Außen- und Eigenwahrnehmung von Kranichstein laufend begegneten, beschlossen wir, es als Ausgangspunkt der losen Dramaturgie von *Kranichstein represent* zu nehmen. Am Anfang des Stückes stellten wir also die Frage: Warum hat Kranichstein eigentlich so einen schlechten Ruf? Das Stück selbst stellte eine Suche nach den Ursachen in Vergangenheit und Gegenwart dar. Dieser Suche der Figuren des Stückes folgten die Zuschauer*innen in drei Gruppen zu je 30 Personen durch den Stadtteil. Insgesamt gab es 13 Vorstellungen. In der künstlerischen Ausformung verblieben wir aber nicht bei einer Repräsentation der Lebenswirklichkeit, sondern verwoben sie mit Träumen, fantastischer Überhöhung und geschichtlichen Querverweisen. So trat neben den Anwohner*innen auch Karoline von Hessen-Darmstadt (1723–1783) auf einem Pferd auf, die sich auf ihrer Jagd verirrt hatte, sowie Ernst May (1886–1970) persönlich, dem die Probleme, die seine letzte stadtplanerische Arbeit erzeugt hatte, keine Ruhe ließen und der deshalb noch immer durch die Siedlung geisterte, wie etwa in folgender Beispielszene mit einer Anwohnerin.

Ernst May auf dem Kinderspielplatz am nördlichen Ende der Brache vor den Hochhäuern. Er sitzt auf seiner Schaukel, die Zigarre ist ausgegangen. Ghofrane nähert sich ihm.

Ghofrane
Hast' mal Feuer?

Ernst May
(schüttelt den Kopf) Kein Feuer.

Ghofrane
Den ganzen Tag versuch ich schon irgendwo Feuer zu bekommen, aber glaubst du, irgendwer hat Feuer?! Fehlanzeige. Kein Feuer, nirgends.

Ernst May
(seuzft) Ja.

Ghofrane
Egal. Gehst du auch zur Party?

Ernst May
Nein.

Ghofrane
Geht dir gerade nicht prächtig, was?

Ernst May
Ich glaub, ich bin schon tot.

Ghofrane
Ja. Das Gefühl kenn ich. Aber warum sitzt' denn auch hier?

2 Mathias Znidarec als Ernst May.

Ernst May
Wieso?

Ghofrane
Ich mein, hier is' ja auch eine tote Eck'.

Ernst May
Ja, ich weiß. *(für sich)* Die Erdgeschosszonen.

Ghofrane
Was?

Ernst May
Hier: die Erdgeschosszonen. Das ist das Hauptproblem.

Ghofrane
Naja. Ich hab andere Hauptprobleme, sag ich mal, aber stimmt
wohl, ich mein, ich hab hier noch nie Kinder spielen gesehen.

Ernst May
Nie?

3 David Ayala, Mathias Znidarec, Ghofrane El Mighari und
SouKaina El Adak in *Kranichstein represent*.

Ghofrane
Ne, nur Junkies hängen hier manchmal ab. Also seit ich hier
wohne, noch nie Kinder gesehen hier. Sind alle drüben. Oder da
bei den Menschenskindern [Familienzentrum Menschenskinder].

Ernst May
Sie wohnen hier?

Ghofrane
Ja.

Ernst May
Und?

Ghofrane
Was?

Ernst May
Die Wohnung?

Ghofrane
Is' eine schöne Wohnung. Schön hell. Gut geschnitten.

Ernst May
Ja?

Ghofrane
Ja. Eins a. Und günstig. Is' gefördert. Leb von Leistung, weißt.

Ernst May
Ah.

Ghofrane
Sonst würd ich hier nicht ins Hochhaus ziehen.

Ernst May
Nein.

Ghofrane
Ne. Schau dich doch mal um. Is' doch nicht menschlich.

Ernst May
Ich dachte, es wäre genial.

Ghofrane
Ja, das kann ja sein, aber menschlich is' es nicht. Ich mein, stell dir
vor, da unten spielt das Kind und die Mutter wohnt im 18. Stock.
Die kann doch ihr Kind gar nicht mehr erkennen.

Ernst May
Ja, das ist das Problem.

Ghofrane
Und dann schau dir mal die Menschen an.

Ernst May
Welche Menschen?

Ghofrane
Naja, alle.

Ernst May
Ja. Und?

Ghofrane
Sind alle unterschiedlich, jeder Mensch ist anders. Und jetzt schau dir mal hier die Häuser an, die Fassaden, die Fenster!

Ernst May
(genervt) Jaja. Schon klar.

Ghofrane
Alles gleich. Wie ein Diagramm. Oder Sudoko. Oder Kreuzworträtsel.

Ernst May
Und wie sonst kann man das Problem lösen in Zeiten der maschinellen Fertigung?

Ghofrane
Maschinelle Fertigung weiß ich jetzt auch nicht. Aber da, wo ich herkomm', da ist alles organischer gewachsen. Hier ein kleiner Laden, da ein Stockwerk drauf, hier eine kleine Teestube, da eine Werkstatt, ein Atelier.

Ernst May
Die Gewerbeflächen, ich weiß.

Ghofrane
Ja, Gewerbeflächen weiß ich jetzt nicht, aber Leben und Arbeit, das darf man nicht trennen. Weil wenn man weiß, wofür man lebt, dann weiß man auch, wofür man arbeitet.

Ernst May
Und Sie wissen, wofür Sie leben?

Ghofrane
Nee, ich such noch.

Ernst May
Bei mir ist das eigentlich alles vorbei. Aber ich kann die Menschen

hier, die Kranichsteiner, nicht alleine lassen, wenn ich die Probleme hier nicht gelöst habe.

Ghofrane
Welche Probleme?

Ernst May
Urbanität durch Verdichtung, die Erdgeschosszonen, die Gewerbeflächen, die Probleme mit dem Autoverkehr etc. etc.

Ghofrane
Aber du musst doch nicht alle Probleme von allen anderen lösen.

Ernst May
(herrisch) Was denn sonst? Dafür lebe und arbeite ich! Oder besser gesagt: Dafür habe ich mein Leben lang gearbeitet.

Ghofrane
Wir Kranichsteiner kriegen das schon hin. Und das Problem mit den Autos. Das wird sich bald von alleine lösen, weil bald wird es keine Autos mehr geben.

Ernst May
Das halte ich für utopisch.

Ghofrane
Utopisch weiß ich nicht, ich bin eher nicht so der politische Typ. Aber wegen den ganzen Fahrverboten und der Verschmutzung: Wir werden bald alle zu Fuß gehen, mit dem Fahrrad fahren, mit der Straßenbahn oder reiten. Hab ich gerade vorhin gesehen. Ist eine mit dem Pferd durch die Straßen geritten.

Ernst May
(skeptisch) Aha. Na, wie Sie meinen. Dann brauchen wir ja auch keine Tiefgaragen nicht mehr.

Ghofrane
Genau!

Ernst May
Und was machen wir dann mit all den Tiefgaragen und Parkhäusern und Stellflächen? Mit den Autobahnen und Autobahnzubringern? Da hätten wir ja dann in die völlig falsche Richtung geplant.

Ghofrane
Ja, da kann man da dann überall Party machen. Zum Beispiel.

4 SouKaina El Adak als Kaina und Lua Mariell Barros Heckmanns als Kalila.

Ernst May
(abfällig) Party!
(aus der Tiefgarage ist Musik zu hören)

Ghofrane
Ja, Party. Du musst ja nicht immer so ernst sein.

Ernst May
Ich bin Ernst.

Ghofrane
Nein, das kannst du jetzt mal bleiben lassen. Hörst du? Komm mit. Ich zeig dir was.

Ernst May
Und die Erdgeschosszonen? Die Gewerbeflächen?

Ghofrane
Wir kriegen das schon hin. Wir kümmern uns drum. Versprochen. Jetzt komm mal. Wie heißt'n du überhaupt?

Ernst May
E ... Egal.

Ghofrane
Gute Antwort.

Sie geht und wendet sich nochmals nach ihm um. Dann verschwindet sie in der Tiefgarage. Ernst May blickt nochmals zu den Hochhäusern. Seufzt. Dann folgt er ihr in die Tiefgarage.

Die Szenen erlebten die Zuseher*innen in unterschiedlichen Abfolgen, abhängig von der Gruppe, der sie angehörten. Neben einer Hiphop-Choreografie in der Tiefgarage gab es Szenen in einem Privathaus, im Bürgerzentrum, und einen Chor-Flashmob im Einkaufszentrum. Wir griffen in dem Stück auch den schrecklichen Vorfall eines „Ehrenmordes" auf, der 2015 in Kranichstein stattgefunden hatte. Damals hatten Eltern ihre Tochter ermordet, da sie gegen ihren Willen eine Beziehung zu einem Mann eingegangen war. Die Figur des Mädchens mit dem Pseudonym Kalila wurde das heimliche Zentrum der Handlung. Sie kehrt als Verstorbene in der vorletzten Szene des Stückes auf einem Boot im Brentanosee noch einmal zu ihrer besten Freundin zurück.

Kaina steht am Ufer des Sees und sieht, wie Kalila, in einem Boot sitzend, über das Wasser fährt.

Kaina
Was machst du da?

Kalila
Einen Ausflug. Mit dem Boot.

Kaina
Du bist doch tot.

Kalila
Ja. Einerseits schon. Anderseits nicht. Alles hat zwei Seiten. Eine Sache aber kann gleichzeitig so und so sein. Hab ich auch rausgefunden.

Kaina
Ich kapier gar nichts.

Kalila
Und das Problem bei meinen Eltern war, dass sie dachten, es gibt

nur eine Seite, und deshalb sind sie durchgedreht. Wie Hunde in der Sackgasse.

Kaina
Und deshalb bist du jetzt hier und gleichzeitig auch tot.

Kalila
Genau. Aber das ist nur das kleine Einmaleins. Eine Sache kann auch gleichzeitig groß und klein sein. Sie kann auch gleichzeitig schön sein und hässlich.

Kaina
Wie Kranichstein.

Kalila
Genau. Deshalb kann ich meine Eltern gleichzeitig lieben und hassen.

Kaina
Und mich?

Kalila
Dumme Frage.

Kaina
Ich hätte dich retten können. Ich hätte erkennen können, dass deine Eltern durchdrehen werden und dich ... Wir alle hätten das verhindern können.

Kalila
Dann könnten wir noch Fußball spielen, tanzen gehen.

Kaina
Genau.
Pause

Kaina
Hast du ... hast du Karim denn geliebt?

Kalila
Ich liebe ihn noch immer. Aber das weiß er nicht. Das ist auch besser so. Er hat eine Frau und Kinder. Mit zu viel Liebe können die meisten nicht umgehen.

Kaina
Ich liebe dich.

Kalila
Ich weiß. Ich muss jetzt mal wieder zurück. Sonst bekomm ich noch Sehnsucht nach Kranichstein.

5 *Kranichstein represent*, Ensemble.

In Zusammenhang mit *Kranichstein represent* realisierte das interdisziplinär arbeitende Kollektiv DIESE Studio aus Darmstadt ein Beteiligungsprojekt, bei dem die Bewohner*innen aus Kranichstein 1800 Holzfliesen bemalten, die zu einem teppichartigen Mosaik zusammengefügt wurden. Der daraus entstandene Teppich diente über mehrere Wochen als Ort des Verweilens und als temporäre Bühne für das Finale von *Kranichstein represent*, eine Choreografie, bei der alle Darsteller*innen sowie alle drei Zuschauergruppen vor der Skyline der Hochhäuser nochmals zusammenkamen.

Das partizipative Projekt mit seinen Proben vor Ort sowie den 13 Vorstellungen hat Kranichstein als Stadtteil weiter belebt und zusammenwachsen lassen. Es hat Menschen zusammengeführt, die nie zusammengefunden hätten. Es hat den Beteiligten einen selbstbewussteren und vielleicht sogar spielerischen Umgang mit ihrer Identität als Kranichsteiner*innen gegeben. Das Theaterstück wurde aber auch für alle nicht beteiligten Anwohner*innen für einige Zeit selbstverständlicher Teil des

Alltags in Kranichstein; es hat für Abwechslung gesorgt und produktive Veränderungen in den Alltagsabläufen der Menschen geschaffen. Unbekannte und dunkle Ecken des Viertels wurden durch die szenische Bespielung erhellt, andere in ein neues Licht gesetzt.

 Zentral war, nicht zu einer einzigen Aussage zu finden, sondern widersprüchliche Wahrnehmungen und Erkenntnisse nebeneinander stehen zu lassen. Die Ambiguität des Stadtteils wurde so zum Wesen des Stückes selbst. Die Welt ist voller unterschiedlicher Wahrheiten. Realität ist keine Bürde, die unabänderlich ist, sondern variables Spielmaterial. So verlieren Zuschreibungen ihren Schrecken und man erlangt die Gestaltungskraft über das eigene Leben zurück. Mit diesem zuversichtlichen Gedanken haben wir am Ende des Theaterstücks die Zuschauer*innen in eine von vielen Wirklichkeiten entlassen.

Zeitkapsel Hasenbergl

Pia Lanzinger

Am 25. Mai 1960 hält der Münchner Oberbürgermeister Hans-Jochen Vogel die Rede zur Grundsteinlegung des Hasenbergls. Er betont den beispielhaften Charakter der Siedlung und legt eine Zeitkapsel mit Zeitzeugnissen in einen hohlen Grundstein. Da der Rohbau teilweise schon steht, ist Eile geboten, weshalb der Grundstein nicht wie üblich in die Fundamente eines der Gebäude, sondern in einen Sockel eingemauert wird, der bald danach die Pferdeskulptur des Bildhauers Alexander Fischer tragen wird. 50 Jahre später, nach der Verlegung dieses inoffiziellen Wahrzeichens auf den Platz vor dem neuen Kulturzentrum, verweist Oberbürgermeister Christian Ude in seiner Rede am 17. Oktober 2012 auf den Siedlungsgrundstein. Doch wo ist er geblieben? Das Bronzepferd steht zu diesem Zeitpunkt bereits auf einem neuen Sockel, der alte war mit Grundstein und Zeitkapsel entsorgt worden. Somit hatte das Hasenbergl seine Zeitkapsel samt Inhalt verloren.

Diesen „Mangel" begriff mein Projekt *Zeitkapsel Hasenbergl* als Chance. Die zur Zeit der Gründung vorgebrachten Zukunftsvisionen hatten sich nicht erfüllt. Vor allem hatte das Image des Hasenbergls einen ungeplanten Verlauf genommen, der durch eine Wiederholung der Grundsteinlegung korrigiert werden sollte.[1] Das Konzept bestand darin, eine neue Zeitkapsel von den Hasenbergler*innen mit neuen Inhalten füllen zu lassen.

1 Vor allem hatte die ausschließliche Belegung mit sozial schwächer gestellten Mieter*innen und Flüchtlingen zu Vorurteilen von außen geführt und trug zusammen mit dem negativen Image des Obdachlosenlagers Frauenholz zur Stigmatisierung bei. Infrastrukturelle Defizite, die soziologische Dynamik der neuen Nachbarschaften oder die Orientierung an klassischen Geschlechterrollen sind weitere Punkte, die zu anhaltenden Debatten um moderne architektonische Konzepte und urbane Entwicklungen führten und eine Neubewertung erforderten.

1 Grundsteinlegung durch Oberbürgermeister Hans-Jochen Vogel, 1960.

Dafür nahm ich Erzählungen von Bewohner*innen und Personen, die sich dort in irgendeiner Weise engagiert haben, auf Video auf.[2] Später wurden die Aufnahmen transkribiert und als Buch publiziert, das dann zusammen mit einer Archiv-DVD in die neue Zeitkapsel gelegt wurde.

      Innerhalb von zwei Jahren (2016–2017) konnten 70 Bewohner*innen dafür gewonnen werden, mit einem bestimmten Ereignis aus ihrer selbst erlebten Geschichte am Hasenbergl als Zeitbot*innen aufzutreten. Mit speziellen T-Shirts, die auf ihre Teilnahme verweisen, sorgten die Zeitbot*innen zudem bei Veranstaltungen ebenso wie im Alltag für Aufmerksamkeit im öffentlichen Raum. Somit verbreitete sich das kollektive Gedächtnis dieser Stadtrandsiedlung.

      Einen Höhepunkt des Projekts bildete ein Auftritt in den Münchner Kammerspielen. Knapp 50 Zeitbot*innen gaben auf der Bühne im Zentrum der Stadt eine inszenierte Zu-

2 Die Filmclips sind dauerhaft auf der Projektwebsite abrufbar: http://www.zeitkapsel-hasenbergl.de/zeitboten.html (letzter Zugriff: 20.05.2021).

2 Feierliche Übergabe der neuen Zeitkapsel, Oktober, 2017.

sammenfassung, bei der vor allem das Leben der Bewohner*innen selbst im Mittelpunkt stand. Eine Runde von Stadtforscher*innen bildete eine Art Kontrapunkt, in dem Bezüge zu vergleichbaren Entwicklungen in anderen Städten das Blickfeld erweiterten.

Mit den gesammelten Geschichten wurde schließlich eine neue Zeitkapsel gefüllt und ich konnte Alt-Oberbürgermeister Hans-Jochen Vogel gewinnen, dem Hasenbergl die neue Zeitkapsel zu übergeben – ein beinahe epochales Ereignis nach 57 Jahren. Sie wurde am 19. Oktober 2017 feierlich unter großer Anteilnahme der Bevölkerung im Sockel der Pferdeskulptur versenkt. Eine runde, bronzene Platte verschließt und markiert den Ort.

Insgesamt entstand eine alternative Darstellung des Lebens in dieser Großsiedlung am Münchner Stadtrand – vielleicht auch eine tragfähige Grundlage für ein neues Selbstverständnis

3 Blick auf die Siedlung von der „Panzerwiese" aus, 1965.

über den lokalen Zusammenhang hinaus. Die folgenden Auszüge
aus einzelnen Erzählungen bieten einen Blick in die Zeitkapsel
und zeigen die verschiedenen Phasen dieser Siedlung aus der
Innenperspektive.[3]

3 Das Projekt *Zeitkapsel
Hasenbergl* wurde gefördert
vom Kulturreferat der
Landeshauptstadt München.

Hasenbergl

Das Hasenbergl wurde als erste Großsiedlung der Nachkriegsmoderne am Stadtrand Münchens von 1960 bis 1964 nach
ambitionierten städtebaulichen Ideen realisiert: eine geplante
Modellstadt mit viel Grün, gut ausgestatteten Wohnungen
und diversen kleineren Einkaufszentren. Man konzipierte eine
„Schlafstadt" im Grünen, die sich an den klassischen Geschlechterrollen orientierte. Die Sozialwohnungen für 18.000 Menschen
wurden von gemeinnützigen Gesellschaften für Familien mit
geringem Einkommen errichtet und sollten die Wohnungsnot
lindern. Ein erheblicher Teil der Wohnungen war für deutsche
Flüchtlinge vorgesehen. Der Stadtteil sollte den Ansprüchen an
modernes Wohnen gerecht werden und die Wohnstandards mit

4 Die Künstlerin während ihrer Kindheit am Hasenbergl.

eigenem Bad und Zentralheizung auf ein neues Niveau heben.
Kritik gab es bald an infrastrukturellen Defiziten, am geringem
Freizeitwert und an einem mangelnden Versorgungsangebot.
Die ausschließliche Belegung mit sozial schwächer gestellten
Mieter*innen führte zu Vorurteilen von außen und trug zusammen
mit dem negativen Image des Obdachlosenlagers Frauenholz
zur Stigmatisierung bei. Das Durchschnittsalter der Bewohnerschaft, die anfangs überwiegend aus jungen Familien bestand,
stieg im Laufe der Zeit an. Dieser Trend wurde durch den Wegzug vieler hier aufgewachsener Kinder verstärkt. Gleichzeitig
wuchs der Anteil an Migrant*innen kontinuierlich, was schließlich
dem traditionell roten Arbeiterviertel einen deutlichen Rechts-
ruck und die Zuschreibung als „Republikaner-Hochburg" ein-
brachte. Sogar die Behauptung von Ghettobildung stand im
Raum. Demgegenüber zeigt aber die heutige Situation mit ihren
einfallsreichen Formen kulturellen und sozialen Engagements
ein deutlich anderes Gesicht. Nicht zuletzt tragen dazu auch die
städtebaulichen Vorzüge des Viertels bei.

5 Die alten Wohnbaracken am Frauenholz, 1955.

Frauenholz

Das Lager Frauenholz befand sich nördlich der ab 1960 errichteten Großsiedlung Hasenbergl. 1937 wurden dort Wohnbaracken für die Fliegertechnische Schule des Militärflugplatzes Schleißheim errichtet. Nach dem Zweiten Weltkrieg brachte man hier sogenannte *Displaced Persons* unter, ehemalige Zwangsarbeiter*innen, KZ-Häftlinge sowie Angehörige der russischen Armee, weswegen es von der Münchner Bevölkerung als „Russenlager" bezeichnet wurde. Es galt jetzt als die größte Schwarzhandelszentrale Deutschlands. 1953 erwarb die Stadt München das geräumte Lager und ließ es instand setzen. Das Städtische Wohnlager Frauenholz wurde nun als Unterkunft für obdachlose Münchner*innen genutzt. In den 75 Holzbaracken lebten bis zu 4000 Menschen, womit es das größte Obdachlosenlager in der Bundesrepublik war. 1964 wurde es aufgelöst, durch Unterkünfte in Schlichtbauweise ersetzt und in „Hasenbergl-Nord" umbenannt. Die dort lebenden Menschen waren als kriminell und asozial verrufen, und so nahm der schlechte Ruf des Lagers

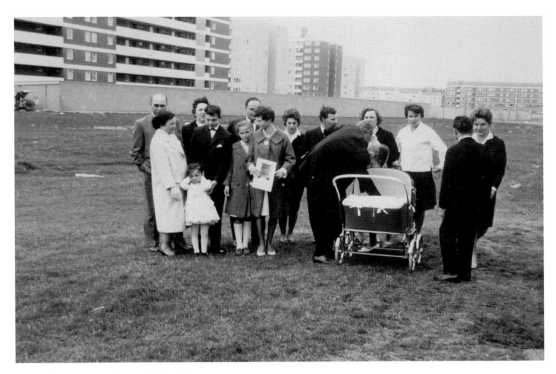

6 Familienporträt Frauenholz, circa 1970.

Frauenholz schon vor Baubeginn des Hasenbergls Einfluss
auf dessen Image. Dies war auch den Architekten der neuen
Großsiedlung bewusst. Sie entschieden sich, die neue Siedlung
durch den Bau einer architektonischen Schranke aus markanten
Wohnhäusern davon abzuschirmen.

7 Brigitte Patzelt, Juliana Buchfellner, Zita Guttenberger

„1953 bin ich mit meinen Eltern ins Frauenholz gezogen. Mein Vater war arbeitslos. Auf jeden Fall haben wir da unten zwei Räume gekriegt. In den Baracken war ein langer Gang, von dem links und rechts die Räume weggegangen sind. Am Ende waren die Toiletten, Manderl und Weiberl getrennt. Das Schöne war, dass da eingeheizt worden ist, damit das Wasser nicht einfriert. In dem Vorraum war es warm, und das war so ein Treffpunkt, wo man ein bisschen hat ratschen können."
Brigitte Patzelt

„Arm kann man nicht sagen, dass wir waren, wir waren zufrieden mit dem Frauenholz. Es war schön, im Lager zu wohnen. Es waren nette Leute. Jeder hat jedem geholfen, wenn er krank war oder wenn er grad arm war. Ich bin von einer Baracke zur anderen gezogen, weil immer eine abgerissen worden ist. Wir sagen immer Baracken-Lager. Wir haben ein Kino gehabt. Wir haben alles gehabt. Einen Arzt. Einen Kindergarten. Wie ich noch in der Wäscherei gearbeitet habe, da waren viele Kolleginnen bei mir dabei, die sind eine Station früher ausgestiegen, damit keiner weiß, dass sie da wohnen. Ich hab mich nicht geschämt. In der Wäscherei haben alle gewusst, wo ich wohne. Das war ein falscher Stolz von den Leuten."
Juliana Buchfellner

„1955 sind wir ins Hasenbergl gezogen. Wir waren die Ureinwohner. Nichts war da außer einer Herde Schafe und wilden Tieren. Die Leute haben gesagt: ‚Was, da geht ihr runter? Ans Hasenbergl? Da schiebt man ja den Mond mit der Stange hoch, das ist ja das Ende der Welt.‘ Wir aber haben uns von Anfang an

8 Dr. Hans-Jochen Vogel, Willy Astor

gefreut und sind gerne eingezogen. Wir haben unsere Gärten hergerichtet, die Zäune gemacht. Nach einer Zeit hat es geheißen, es werden nicht 300 Siedlungshäuser gebaut, sondern es werden Blöcke gebaut. Oje. Da sind wir wirklich erschrocken. Aber ich muss euch sagen, es ist alles gut gegangen."
Zita Guttenberger

„Heute bin ich Zeitbote für einen bestimmten Tag an einem bestimmten Ort – nämlich für den 25. Mai 1960. Hasenbergl. Da ist der Grundstein gelegt worden für diese Siedlung. Es war der 25. Tag meiner Amtszeit und es war das erste Mal, dass ich einen Grundstein für ein so großes Objekt gelegt habe. Wenn vom Hasenbergl die Rede ist, dann fällt mir natürlich ein, dass diese Siedlung innerhalb kurzer Zeit errichtet wurde, dass dort 25.000 Menschen ihre Heimat gefunden haben und sich dort wohlgefühlt haben."
Dr. Hans-Jochen Vogel

„Ich bin Musiker, Komponist, Wortverdreher und am Hasenbergl aufgewachsen. Ich habe hier von 1962 an eine wunderbare Zeit erlebt. Ein Jahr vorher, mein Geburtsjahr, hat mein Vater Hans-Jochen Vogel dem wunderbaren und damaligen Oberbürgermeister einen Brief geschrieben, dass wir eine größere Wohnung bräuchten. Wir bekamen sehr schnell eine Vormerkung für eine Sozialwohnung. [...] Das Hasenbergl ist für mich eine Säule in meinem Leben. Da sind meine Wurzeln, und das hat auch sehr viel Bodenständigkeit in mir geschaffen. Ich bin ein Anwohner von ‚Bunnyhill' und werde es immer bleiben."
Willy Astor

9 Karl Lanzinger, Heinrich Rosa Rauch, Friederike Tausch

„Ich wohne seit dem 2. Juli 1962 hier in der Blodigstraße am
Hasenbergl. [...] Und man konnte vom Balkon aus die Zugspitze
und die Alpenkette sehen. Vis-à-vis war eine große Wiese, und
hier weideten noch sehr viele Schafe. So sind wir jetzt die ganzen
Jahre hier und haben eine gute Verbindung mit der U-Bahn zur
Stadt. Was ja leider vorher nur mit einem Bus möglich war, und
das hat natürlich sehr lange gedauert."
Karl Lanzinger

„Im Weihnachtseinsatz, zum Packldienst, bin ich runtergekommen
ins Hasenbergl. Da waren schon die ersten Häuser gestanden
und die Blocks, vierstöckig, wo wir Packl haben liefern müssen. Da
haben Frauen vom Fenster runtergeschrien, ich kann nicht runter,
ich bin eingesperrt worden. Sie haben gesagt, ich schick euch
einen Strick runter. Da haben sie einen Strick runtergelassen.
Wir haben die Packl an den Strick hingehängt, und die haben sie
raufgezogen. Die Frauen waren zufrieden, und ich war zufrieden.
Das war unser Weihnachtseinsatz und das war im Lager Frauenholz. Das hat sich entwickelt und ist heute ein schönes Viertel,
wie alle anderen auch. Da bin ich zufrieden. Da bin ich daheim."
Heinrich Rosa Rauch

„Ich bin 88 Jahre alt und 1963 bin ich hierhergezogen, nach
Hasenbergl. Nach langem Warten auf eine Wohnung. Und war
ganz entzückt, dass wir eine so wunderschöne Wohnung bekommen haben, im sechsten Stock. Da haben wir vor uns die große
Panzerwiese und hinter uns das Hasenbergl gehabt. Da waren
die Amerikaner schon, auf dieser Wiese. Panzer und Flugzeuge
waren auch hier. Die Panzerwiese hat die Panzer gehabt, die

10 Wolfgang Wenger, Franz Stephan

sind drübergerast wie Wahnsinnige, und über uns waren die Hubschrauber. Aber daran hat man sich gewöhnt, und wir waren glücklich, diese große, schöne Wohnung zu haben."
Friederike Tausch

„Wenn Polizisten irgendwo referieren, dann checken die Kollegen sofort: ‚Wer bist du, hast du Ahnung? Warst du mal auf der Straße, bist du einer von uns?' Da habe ich immer meine Vita ins Spiel gebracht. Ich habe Dienst gemacht im Münchner Norden, im Hasenbergl. Fast überall kannte man das Hasenbergl. Der Ruf war legendär. Wenn ich erzählt habe, dass ich dort gearbeitet habe, bekam ich viel Anerkennung. ‚Was, du hast das überlebt? Das ist ja hochinteressant.' Und da hab ich als Referent nachgeschoben: Ich bin einer dieser gefährlichen Hasenbergler. Ich bin da aufgewachsen. Da war die Verwunderung immer sehr groß. Hasenbergl? Pressechef der Polizei? Dieses Spannungsfeld habe ich sehr genossen."
Wolfgang Wenger

„Wir waren eine reine Moped- und Motorradclique. Beschimpft worden sind wir als Rocker vom Hasenbergl. [...] Wir hatten früher lauter Luftdruckpistolen und Luftdruckgewehre gehabt. Und einem ist dann eingefallen, das Gewehr zu nehmen und dem Vordermann einfach die Lichter vom Auto wegzuschießen. So ist das bis nach Schwabing rein gegangen."
Franz Stephan

11 Angelika Simeth, Rudolph Kühnel, Bernhard Drax aka Draxtor

„Es war für uns, die wir Soziale Arbeit studiert haben, ganz wichtig, im Hasenbergl zu sein. Das Hasenbergl zu kennen. Es wurde ja bundesweit darüber geschrieben. Über die gesamte Siedlung. Und wir mussten Erfahrungen, die wir in der Theorie untermauert haben, einfach hier im Hasenbergl machen. In meiner späteren Tätigkeit, bis hin zur Stadtdirektorin, war ich dann 1985 in der Lage, im Rahmen der Selbsthilfeförderung ein Projekt zu fördern. Und dieses Projekt, ‚Bewohnergärten Hasenbergl Nord', hat auch dazu beigetragen, dass das Hasenbergl heute ein sehr lebenswerter und liebenswürdiger Stadtteil geworden ist."
Angelika Simeth

„Nachdem Hans-Jochen Vogel als Bundestagsabgeordneter und in der Funktion als Minister dem Kabinett angehörte, hat er versucht, Bundeskanzler Helmut Schmidt zum Hasenbergl zu bringen. Ich habe ja bis zum Schluss nicht so richtig daran geglaubt. Doch Hans-Jochen Vogel hat mir erklärt, dass es einen Helmut Schmidt gibt, der zum Schluss das macht, was er für richtig hält. Und Helmut Schmidt kam. Wir haben dann in Windeseile die Meldung rausgebracht, dass der Bundeskanzler kommt, und es waren dann 350 bis 400 Personen im Mathäser am Hasenbergl."
Rudolph Kühnel

„Ich schaue das Bild an, erkenne das Hasenbergl und schrei raus: ‚Moment mal, das ist ja da, wo ich geboren bin.' Und alle Kinder drehen sich zu mir um, die Lehrerin schaut mich an, als wäre ich ein Leprakranker oder so. Da ist mir das erste Mal bewusst geworden, dass es Unterschiede gibt. Wenn wir heute ans Hasenbergl zurückkommen, sagt mein zwölfjähriger Sohn

12 Regina Moser, Dr. Ludwig Eiber

immer: ‚Ich mag diese moderne Architektur, ich mag die viel mehr als unser kleines Häuschen.' So einen Strandbungalow in Kalifornien, einstöckig. Dagegen findet er das Hasenbergl total cool. Diesen Beton, diese Skyline. Er sieht es ohne jeglichen Ballast, was das für soziale Implikationen hat. Er sieht es nur als irgendwie cool an. Und als moderne Architektur."
Bernhard Drax aka Draxtor

„Ich bin 1962 ans Hasenbergl gezogen, nachdem meine Eltern 17 Jahre auf eine Wohnung gewartet hatten. Nach dem Krieg war die Situation etwas schwierig für Arbeiterfamilien. Was wir Kinder vermisst haben, das waren Spielplätze. Es war halt alles Baustelle. […] Was ich immer ganz besonders bewundere, ist, dass das Hasenbergl ein Trabant ist, wo sehr viele unterschiedliche Nationalitäten zusammenleben. Auf relativ kleinem Raum. Und es ist bewundernswert, wie friedlich die Menschen zusammenleben."
Regina Moser

Ich bin 1991 hierhergekommen für ein Projekt des Kulturreferats. Wir wollten am Frauenholz mit Sinti-Jugendlichen die Geschichte ihrer Familien erforschen. Es hat sich sehr schnell herausgestellt, dass es so nicht funktioniert. Wir kannten das Problem der Verfolgung der Sinti und Roma in Deutschland nicht, oder zu wenig. Für die Sinti selber war das kein Problem. Sie wussten, welche Onkel, Tanten, Großeltern, Geschwister in Auschwitz umgekommen waren. […] Die bitteren Erfahrungen veranlassten manche, einen Kontakt abzulehnen, da sie ein tiefes Misstrauen gegenüber staatlichen oder städtischen Behörden hatten, weil

13 Hans Sedlmaier, Alexander Adler, Christian Ude

sie aus eigenen Erfahrungen wussten, dass diese sich auch gegen sie wenden können."
Dr. Ludwig Eiber

„Ich möchte über den Bewohnerstammtisch reden, der seit 1991 besteht und sich um Belange des Stadtteils kümmert. Das Schöne ist, dass die Leute einfach gemerkt haben, dass sie etwas erreichen können, wenn sie sich zusammentun und sich darum kümmern. Ich denke, das ist mit ein Grund, warum es den Bewohnerstammtisch seit 25 Jahren gibt."
Hans Sedlmaier

„Ich bin deutschsprachiger Sinto und lebe seit meinem ersten Lebensjahr im Hasenbergl. Ich liebe dieses Viertel. […] Persönlich für mich als Sinto möchte ich dahin kommen, wo wir vor 1933 waren. Und zwar: Sinti sind Teil der deutschen Bevölkerung. Und das seit 600 Jahren. Wir waren davor integriert, wir haben alle Ämter bestritten, wir waren in jeder Arbeit. Wir waren im Militär. Und wir waren kein Fremdkörper. Wir waren nicht von außen. Wir haben dazugehört. Das hat sich mit dem Dritten Reich geändert. Mein Ziel ist es, dort hinzukommen, wo es wieder selbstverständlich ist, dass es neben deutschen Bayern und neben deutschen Hessen auch deutsche Sinti gibt. Wenn ich das erreicht habe, dann bin ich zufrieden."
Alexander Adler

Meine Hauptberührung mit diesem Stadtteil hatte ich während meiner Zeit als Münchner Oberbürgermeister, denn damals gab es am Hasenbergl einen gehörigen Handlungsbedarf. Im Jahr

14 Brazzo, Irem Yilmaz

1999 hatte der Deutsche Bundestag das Programm Soziale Stadt aufgelegt, und die Stadtverwaltung München bemühte sich natürlich sofort, an diese Mittel heranzukommen, um die Lebensverhältnisse im Stadtteil Hasenbergl zu verbessern."
Christian Ude

„Grüß euch, Leute. Ich bin der Brazzo und wohne im Hasenbergl. Meine Heimat. Ich bin ins Hasenbergl gekommen vor etwa 40 Jahren. Weil ich mit 18 Jahren eine Verlobung gehabt habe. Dann habe ich mit 19 geheiratet, und die Frau ist vom Hasenbergl gewesen. Und, was soll ich sagen? Hasenbergl, da gibt es Wilde, da gibt es Gute, Drogensüchtige, Syphilis, alles Mögliche. Aber das gibt es woanders auch. Und die Freundschaft im Hasenbergl, besonders im Gartenverein Hasenbergl-Nord, die ist einmalig. 40 Jahre Hasenbergl. Eine lange Zeit. Seht ihr ja selber, wie ich aussehe. Ich möchte das einfach nicht missen. Und das gehört dazu, wie zum Bier der Schaum. Ganz einfach."
Brazzo

„Also ich bin die Irem. Ich bin zehn Jahre alt und in der vierten Klasse. Ich wohne im Hasenbergl. Meine Mutter und mein Vater sind Türken. Und wir wohnen im Erdgeschoss. Es kommen sehr viele Käfer, und dann müssen wir auch sehr viel putzen. Aber das ist mir nicht so egal, weil ich möchte halt eben nicht so viel putzen, weil – nicht ich, sondern meine Mutter putzt –, weil sonst haben wir nicht so viel Zeit, etwas anderes zu machen. Wir haben im Haus sehr viele Türken und zwei oder drei Deutsche. Das finde ich voll cool. Die kennen wir auch alle schon."
Irem Yilmaz

15 Auftritt der Zeitbot*innen in den Münchner Kammerspielen, 2017.

Bauen in Nachbarschaften
Weshalb ergänzender Wohnungsbau in großen Wohnsiedlungen sensible Beteiligung voraussetzt

Bernd Hunger

Bebaubare Flächen für den Wohnungsbau sind in Städten mit angespannten Wohnungsmärkten gefragt. Neues Bauland wird kaum noch erschlossen, um den Flächenverbrauch zu begrenzen. Damit rücken die großen Wohnsiedlungen des 20. Jahrhunderts wieder in den Mittelpunkt des Interesses. Vor allem in den nach dem Leitbild der aufgelockerten Stadtlandschaft errichteten Wohngebieten mit ihren häufig großzügigen Grünräumen werden Potenziale für ergänzenden Neubau gesucht.

Entscheidend ist, dass die bestehenden Nachbarschaften das Bauen in ihren Quartieren akzeptieren. Dabei ist doppelte Behutsamkeit gefordert, nämlich im Umgang mit den Bewohner*innen und im Umgang mit den vorgefundenen Gebäuden und Stadträumen. Bewusst sollte auf den fachlich üblichen Begriff Nachverdichtung verzichtet werden, der sich bei gescheiterten Vorhaben als Akzeptanzkiller erwiesen hat.

Eine bundesweite Sammlung guter Beispiele[1] hat gezeigt: Menschen akzeptieren das zusätzliche Bauen in ihrem Wohnumfeld, wenn für sie selbst und das Quartier ein Mehrwert erlebbar wird. Sie lehnen es ab, wenn sie befürchten, dass sich die bestehende Wohnsituation verschlechtert. Die Beispiele ergänzenden Wohnungsbaus aus Bremen und Potsdam zeigen, wie durch den sichtbaren Mehrwert für die ansässigen Bewohner*innen hohe Akzeptanz entstehen kann.

In der Fachwelt herrscht Konsens: Ergänzendes Bauen im Bestand scheitert ohne die Beteiligung der Bewohnerschaft und die Kooperation mit benachbarten Eigentümer*innen.

[1] Vgl. Kompetenzzentrum Großsiedlungen e.V. (Hg.): *Bauen in Nachbarschaften. Ergänzender Wohnungsbau in großen Wohnsiedlungen und Stadtquartieren.* Berlin 2018.

1 Bremer Punkt, LIN Architekten Urbanisten, Bremen, 2011–2017. Frei stehende Neubauten haben den Vorteil, dass der Bestand nicht angefasst werden muss. Die städtische Wohnungsbaugesellschaft GEWOBA hat mit dem Bremer Punkt die Gartenstadt-Süd um einen neuen Bautyp ergänzt, der flexibel auf den Bedarf im Quartier reagieren kann, ohne als aufdringliche Nachverdichtung wahrgenommen zu werden. Entscheidend für die Akzeptanz war, dass die neuen Wohnungen zuerst den Bewohner*innen der bestehenden Nachbarschaften angeboten wurden. Die Grundrisse wurden erst nach Kenntnis der Bedürfnisse vor Ort endgültig festgelegt.

Um Konflikte zwischen „alten" und „neuen" Nachbar*innen zu vermeiden, sind sensible flankierende Beteiligungsverfahren, gemeinsame Nutzungsmöglichkeiten im Wohnumfeld und eine transparente Wohnraumvergabe unerlässlich. Notwendig ist ein professionelles, zwischen Kommunen und Wohnungsunternehmen abgestimmtes Beteiligungs- und Mitwirkungskonzept. Dazu gehören umfassende Information und transparente Prozessmoderation, flexible Planung mit Anpassungsmöglichkeiten im Rahmen nicht verhandelbarer Grundsätze und – nicht zuletzt – verbindliche Entscheidungen.

Warum ist die Sensibilität der Bevölkerung für das Bauen im Bestand gewachsen?

Interessenkonflikte beim Bauen in vorhandenen Nachbarschaften haben zugenommen. Ohne Beteiligung der Menschen in den vorhandenen Nachbarschaften ist das Bauen im Bestand heutzutage kaum denkbar. Partizipation klingt prima. Wer könnte öffentlich dagegen sein, die Bedürfnisse der Menschen in den Nachbarschaften zu erkunden und in den Planungen zu berücksichtigen? Wer nachfragt, die Haushalte gegebenenfalls sogar am Planungsprozess beteiligt, bekommt viele Informationen, um seine Konzepte nah an den vorhandenen Erwartungen ausarbeiten zu können. Mittlerweile liegen jahrzehntelange Erfahrungen vor, wie Beteiligung gestaltet werden kann.

Warum ist das Thema dennoch immer wieder auf der Tagesordnung?

Dafür, dass das Thema trotzdem nach wie vor virulent ist, gibt es einen schlichten Grund: Je stärker die Interessenunterschiede zwischen den Beteiligten sind, umso komplizierter werden die Aushandlungsprozesse. Bei Interessengegensätzen sind einvernehmliche Lösungen zuweilen gar nicht möglich. Je gleicher die Interessenlagen sind, umso leichter verlaufen Einigungsprozesse. Nehmen wir den vergleichsweise einfachen Fall der Wohnumfeldgestaltung: Wenn das Wohnumfeld attraktiver bepflanzt wird, Aufenthaltsgelegenheiten instandgesetzt und Wege repariert werden, wird es kaum Gegenwind aus der Nachbarschaft geben.

Schwieriger ist der Aushandlungsprozess im Falle grundhafter Neugestaltungen: Für wen wird das Wohnumfeld aufgewertet? Welche Nutzungen werden angeboten? Welche potenziellen Nutzergruppen stehen im Mittelpunkt, welche bleiben außen vor? Wer kennt nicht die hitzigen Diskussionen aus der Beteiligungspraxis: Stellplatz versus Spielplatz, Bolzplatz versus ruhige Sitzbank im Grünen etc.

Noch komplizierter wird es, wenn teilweise gegensätzliche ökonomische Interessen berücksichtigt werden müssen: Werden die Kosten für die Anlage und Pflege des neu gestalteten Wohnumfeldes auf die Miete umgelegt? Das ist für Haushalte mit knappem Arbeitseinkommen eine wichtige Frage, für einkommensstarke Haushalte kein Problem – ebenso wie für Haushalte mit Transferbezug, deren Miete direkt vom Sozialamt bezahlt wird.

Die Aushandlungsprozesse sind in den letzten Jahren komplizierter geworden, weil sich die Disparitäten in den Nachbarschaften verstärkt haben. Warum?

Hatten die Haushalte der Erstbeziehergeneration noch relativ einheitliche Erwartungen an ihr Wohnmilieu, so nimmt seit Jahren der Anteil von ethnisch und kulturell unterschiedlich geprägten Haushalten mit teilweise unterschiedlichen Vorstellungen zum Wohnen zu. Stadtsoziologische Studien berichten übereinstimmend, dass zum einen die soziale Segregation in Deutschlands Städten zugenommen hat. Belegt ist, dass bundesweit die Segregation in reiche und arme Viertel fortschreitet und in Ostdeutschland mittlerweile ausgeprägter ist als im Westen.[2] Zum anderen legen sie dar, dass die Großsiedlungen den größten Teil der gesamtstädtischen Integrationsaufgaben dadurch schultern, dass die Zuwanderung in den Jahren seit 2015 vor allem in diese Gebietskulisse erfolgt ist.[3] Eine aktuelle Studie des Kompetenzzentrums Großsiedlungen e.V. zeigt anhand der empirischen Zahlen zu 50 Berliner Großsiedlungen, dass sich zudem das Tempo der sozialen Entmischungsprozesse in den letzten Jahren erhöht hat. Ungewollt trägt dazu eine Belegungspolitik bei, die Teile der arbeitenden Bevölkerung benachteiligt, die auch bei knappen Einkommen die Berechtigungsgrenzen für geförderten Wohnraum überschreitet.[4]

Das Zusammenleben im Quartier ist schwieriger geworden

„In jedem zweiten von insgesamt 234 untersuchten Wohnquartieren mit mehr als 885.000 Wohnungen hat sich die Lage in Bezug auf das Zusammenleben in den letzten fünf Jahren verschlechtert",[5] so der Befund einer repräsentativen Studie des Bundesverbands deutscher Wohnungs- und Immobilienunternehmen (GdW). Auch wenn sich im Ergebnis der Studie kein

2 Vgl. Helbig, Marcel/Jähnen Stefanie: *Wie brüchig ist die soziale Architektur unserer Städte? Trends und Analysen der Segregation in 74 deutschen Städten* (WZB Discussion Paper P 2018-001). Berlin 2018, S. 28–32.

3 Vgl. Helbig, Marcel/Jähnen, Stefanie: *Wo findet „Integration" statt? Die sozialräumliche Verteilung von Zuwanderern in den deutschen Städten zwischen 2014 und 2017* (WZB Discussion Paper P 2019-003). Berlin 2019, S. II.

4 Vgl. Kompetenzzentrum Großsiedlungen e.V. (Hg.): *Berliner Großsiedlungen am Scheideweg?* Berlin 2021.

5 Pressemitteilung des Bundesverbands deutscher Wohnungs- und Immobilienunternehmen (GdW) vom 13.11.2019 zur Studie: Von Oswald, Ann/Ress, Susanne/ Pfeffer-Hoffmann, Christian: *Herausforderung: Zusammenleben im Quartier. Die Entwicklung von Wohnquartieren in Deutschland. Wahrnehmungen, Schwierigkeiten und Handlungsempfehlungen.* Berlin 2019.

Flächenbrand durch Konflikte und Herausforderungen zeigt, stehen belastete Quartieren vor Problemen wie Kinderarmut, geringem Bildungsstand, Langzeit- und Jugendarbeitslosigkeit, interkulturellen Konflikten, Perspektivlosigkeit, Gewalt in Familien sowie Alkoholismus.

Diese Ausgangslage schlägt sich im Quartier in unterschiedlicher Form nieder und mündet in nachbarschaftliche Konflikte: Die Bandbreite reicht von Lärmbelästigung, Vandalismus, Verschmutzung, verbaler Gewalt und Schlägereien bis zu Drogenhandel. Insbesondere die alteingesessene Mieterschaft beklagt die wachsenden Herausforderungen, reagiert mit Wut, Verzweiflung, Unverständnis und fordert den Erhalt des sozialen Friedens, die Verständigung über gemeinsame Werte und die Stärkung der Leitkultur. Der GdW mahnt an, „dass deutlich mehr finanzielle und personelle Unterstützung für die Quartiersentwicklung vor Ort notwendig ist, um den sozialen Frieden in Deutschland langfristig zu wahren."[6]

6 Ebd.

Beteiligung – für wen und mit wem?

Wenn das Zusammenleben komplizierter geworden ist, hat das Konsequenzen für Partizipationsprozesse. Beteiligungsverfahren müssen deshalb zwei Dinge berücksichtigen: zum einen eine größere Interessenvielfalt bis hin zu Interessengegensätzen innerhalb der Nachbarschaften; zum anderen einen größer gewordenen Anteil bildungsferner Haushalte und von Haushalten, die noch auf dem Wege sind, sich die deutsche Sprache anzueignen. Beide Herausforderungen überlagern sich. Sie verlangen von den Gestaltern der Partizipationsprozesse Fingerspitzengefühl, eine einfache und verständliche Ansprache sowie Achtsamkeit dafür, wer im Beteiligungsprozess zu Wort kommt und wer nicht.

Wer repräsentiert die Bewohnerschaft? Wie erreicht man die in der Regel schweigenden Gruppen?

Jede lokale Initiative sollte sich im Klaren darüber sein, welche Interessen sie vertritt und welche anderen Interessen gegebenenfalls dabei nicht beachtet werden. Die Diskussion in einem engen Kreis Betroffener beziehungsweise Interessierter

2 Im Potsdamer Wohngebiet Am Schlaatz hat die PWG (Potsdamer Wohnungsgenossenschaft 1956 eG) 2014 ein Würfelhaus um zwei Geschosse aufgestockt. Dank sensibler Mieterbetreuung konnte im bewohnten Zustand gebaut werden. Die Genossenschaft hat ihr Portfolio verbreitert, was den wohnungssuchenden Mitgliedern zugute kommt. Architektur: S&P Sahlmann GmbH, Potsdam.

kommt bei Interessengegensätzen an ihre Grenzen und wird die geschickteste Mediation überfordern. Diskutiert werden muss, in welchem Verhältnis die Anwaltsplanung für die vorhandene Bewohnerschaft zur demokratisch legitimierten Vertretung der Interessen der Stadt steht. Politik und Verwaltung müssen ihre Verantwortung als gewählte Vertreterinnen der städtischen Zivilgesellschaft wahrnehmen. Wer sonst kann zum Beispiel die Interessen der Wohnungssuchenden als schweigende Mehrheit vertreten, die bei der Beteiligung zu konkreten Vorhaben des ergänzenden Wohnungsbaus im Bestand nicht zu Wort kommen?

Beteiligung darf nicht zur Durchsetzung partikularer Interessen führen, die den Bedürfnissen der Mehrheitsgesellschaft zuwiderlaufen. Zuweilen setzen sich lautstarke Minderheiten gegen schweigende Mehrheiten durch. Das ist ungerecht. Unakzeptabel ist, wenn parlamentarische Beschlüsse unter dem Deckmantel der Partizipation ausgehebelt werden. Damit werden nicht nur die durch politische und rechtliche Rahmenbedingungen gesetzten Grenzen infrage gestellt, sondern auch die Grundprinzipien der parlamentarischen Demokratie.

Welche Formen der Beteiligung sind zielführend?

Für Bauherrschaften ist es von zentraler Bedeutung, dass die Menschen in den Nachbarschaften ihre Bauvorhaben akzeptieren. Große Teile der Wohnungswirtschaft haben deshalb viele Erfahrungen mit verfahrensbegleitender Partizipation gesammelt. Dabei stehen Projekte des ergänzenden Wohnungsbaus im Spannungsfeld von Wirtschaftlichkeit, Erwartungen der vorhandenen Nachbarschaften und politischen Anforderungen an Standorte und Qualitäten des Wohnungsbaus. Zuweilen kommt in den gewählten Beteiligungsverfahren die wirtschaftliche Seite zu kurz. Nicht nur Private, auch gemeinwohlorientierte Wohnungsunternehmen müssen auf die wirtschaftliche Tragbarkeit ihrer Vorhaben achten, sowohl was die eigene Bilanz als auch die Belastbarkeit der Mieterschaft betrifft.

    Die *Humboldt-Viadrina Governance Platform* hat im Auftrag der landeseigenen Wohnungsunternehmen Berlins Leitlinien für die Beteiligung bei Vorhaben des Wohnungsbaus entwickelt, die auf andere Städte und Wohnungsunternehmen übertragbar sind.[7] Im Rahmen einer vielbeachteten „Trialog"-Diskussionsreihe unter Mitwirkung von Akteur*innen aus Wohnungswirtschaft, Politik und Zivilgesellschaft entstand ein strukturiertes Grundgerüst für die frühzeitige Einordnung von Bauvorhaben nach Beteiligungsstufen. Für jedes Vorhaben soll transparent gemacht werden, auf welcher Partizipationsstufe es steht:

    Information ist Grundlage und Querschnittsaufgabe in allen weiteren Beteiligungsstufen. Die Beteiligten sollen umfassend und transparent über Bauvorhaben informiert werden.

    Konsultation ermöglicht, dass die Beteiligungsakteur*innen ihre Meinung äußern, zu den geplanten Vorhaben Stellung beziehen und Ideen einbringen können.

    Mitgestaltung bedeutet, Konzepte und Lösungen gemeinsam zu erarbeiten. Zu Beginn sind der Rahmen und die Inhalte der Mitgestaltung zu definieren, insbesondere die Grenzen der Mitgestaltung und die wirtschaftlichen Rahmenbedingungen. In der Regel geht es nicht mehr um das Ob, sondern um das Wie eines Bauvorhabens.

    Mitentscheidung ist die weitreichendste Stufe der Beteiligung. Zu Beginn ist eine Verständigung erforderlich, über was gemeinsam entschieden wird (z.B. über Varianten der Planung) und welche Rahmenbedingungen zu beachten sind (z.B.

7 Vgl. Humboldt-Viadrina Governance Platform (Hg.): *Leitlinien für Partizipation im Wohnungsbau durch die landeseigenen Wohnungsbaugesellschaften.* Berlin 2017.

Mitentscheidung

Begleitgremium, Entscheidungsgremium, Bürger-
vertretung in der Wettbewerbsjury, Bürgervotum

Mitgestaltung

Kreative Workshopformate, z.B. World Café, Ideentische,
Werkstattverfahren, Online-Voting, runder Tisch, Stadtlabor

Konsultation

Sprechstunde, Bürgerversammlung, Umfragen,
Ideensammlung, Dialogveranstaltung

Information

Vorhabenliste auf Onlineportal, Hausaushang bei Anwohnerschaft, Pressemitteilung, Flyer bzw. schriftliches Informationspaket,
bestehende Gremien werden gezielt informiert, Anwohnerversammlung, Internetseiten der Wohnungsbaugesellschaften

3 Formate der Beteiligung

Wirtschaftlichkeit). Abbildung 3 zeigt beispielhaft, wie unterschiedlichste Formate den jeweiligen Beteiligungsstufen zugeordnet werden können. Der Neuwert liegt nicht in der Aufzählung
von Möglichkeiten, sondern im Vorschlag zur systematischen
Strukturierung des gesamten Partizipationsprozesses.

Resümee

Partizipation ist nicht konfliktfrei bei der Vorbereitung des
ergänzenden Bauens im Bestand. Zum einen kann es innerhalb
der Nachbarschaften so unterschiedliche Interessen geben,
dass niemand mehr für sich allein in Anspruch nehmen kann,
das Mieterinteresse zu repräsentieren. Zum anderen sind die
Erwartungen der schweigenden Mehrheit Wohnungssuchender
von Belang, die bei lokalen Beteiligungsformaten nicht zu Wort
kommen. Partizipation muss deshalb übergeordnete Interessen berücksichtigen: Belange des Klimawandels, der Innenent-
wicklung, des notwendigen Wohnungsbauvolumens und andere
programmatische Themen der Stadtentwicklungspolitik, deren
Umsetzung von der Politik und Wohnungswirtschaft erwartet
wird. Und zwar mit Lösungen, die wirtschaftlich tragbar sind – für
die Unternehmen wie für die Mieter*innen.

Um diesen komplexen Kosmos möglichst konsensorientiert zu gestalten, ist eine Beteiligungskultur erforderlich, die das Gemeinsame und Vertrauenschaffende zwischen allen für das Wohnen Verantwortlichen und den Menschen in den Nachbarschaften betont. Ein Mehrwert für die vorhandene Bewohnerschaft muss erkennbar sein.

Anmerkung: Der Beitrag von Bernd Hunger ist den Vorgaben der Herausgeber*innen entsprechend gegendert. Der Autor dieses Textes hätte es vorgezogen, im Sinne einer leichteren Lesbarkeit seinen Beitrag nicht zu gendern.

Partizipation als gebaute Utopie
Die Terrassenhaussiedlung Graz-St. Peter (1965 bis heute)

Andrea Jany

Politische und gesellschaftliche Einflüsse unterstützten das Umdenken in Bezug auf den Wohnbau der 1950er- und 1960er-Jahre in der Steiermark. Ein erstes gebautes Ergebnis dieses Prozesses stellt die 1978 fertiggestellte Terrassenhaussiedlung in Graz dar. Sie zählt als Wegbereiterin und Pionierprojekt für den international bekannt gewordenen steirischen Wohnbau unter dem Namen Modell Steiermark. Ziel der Siedlung war es, eine Alternative zwischen den zwei bestehenden Wohnmöglichkeiten sozialer Massenwohnbau und Einfamilienhaus im Grünen anzubieten. Die Terrassenhausiedlung wurde als Großprojekt im städtischen Umfeld konzipiert. Die Siedlung legt ein klares Zeugnis von einer Auseinandersetzung mit der Gesellschaft und ihren Bedürfnissen ab. Sie versuchte durch Partizipationsangebote einen Gegenvorschlag zu den bestehenden Wohntypologien aufzuzeigen und ein neues Wohnleitbild zu entwickeln.

Nach über 40 Jahren Nutzung der Siedlung setzte sich ein interdisziplinäres Forschungsteam das Ziel, gemeinsam mit den Bewohner*innen einen Modernisierungsleitfaden (Sondierungsstudie SONTE) zu erarbeiten. Die seinerzeit progressive Methode der Bewohnerbeteiligung in der Planungsphase wurde aufgegriffen und neu interpretiert. In einem umfassenden kreativen und demokratischen Informations- und Abstimmungsprozess kam die Bewohnerschaft erneut zu Wort und konnte maßgeblich in die Entwicklung des Leitfadens eingebunden werden.[1]

1 Teile dieses Beitrags sind bereits unter anderem hier erschienen: Jany, Andrea: *Experiment Wohnbau. Die partizipative Architektur des Modell Steiermark*. Berlin 2019; Jany, Andrea: „Der Wohnbau des Modell Steiermark". In: Hirschberg, Rebekka (Hg.): *Wohnlabor. Gemeinsam wohnen gestalten.* Graz 2019, S. 29–31; Jany, Andrea/Kelz-Flitsch, Christina: „Die Modernisierung einer Utopie". In: *ISG-Magazin.* Nr. 2/2018, S. 20–23; Jany, Andrea (14.06.2018): „SONTE. Der fertige Modernisierungsleitfaden". Unter: http://www.gat.st/news/sonte-der-fertige-modernisierungsleitfaden (letzter Zugriff: 20.05.2021); Jany, Andrea: „Die real gewordene Utopie. Wohnbau, ein historischer Streifzug, Teil 1". In: *Bauforum, Fachzeitschrift für Architektur, Bautechnik, Bauwirtschaft, Industrial Design.* Nr. 1/2/2015, S. 9–10.

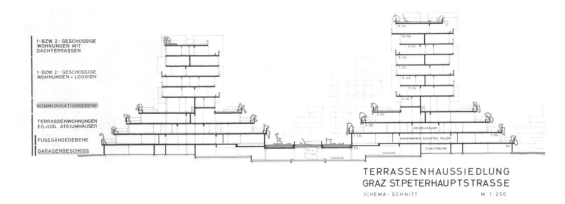

1 Schemaschnitt Haus 29 und 31, Werkgruppe Graz, 1972.

Die Entstehung der Terrassenhaussiedlung Graz-St. Peter

Auf Grundlage der Kritik am bestehenden System des Wohnbaus der 1950er- und 1960er-Jahre wurde die Terrassenhaussiedlung als Utopie entworfen und realisiert.[2] Die Architekten der Werkgruppe Graz verstanden diese Siedlung in Anlehnung an den philosophischen Utopiebegriff nach der Definition Max Horkheimers als eine „Kritik dessen, was ist, und die Darstellung dessen, was sein soll."[3] Durch den Entwurf der Terrassenhaussiedlung zeigte die Werkgruppe Graz eine neue Form des Wohnens. Als Demonstrativbauvorhaben wurden in der Siedlung neue Planungsprozessansätze erprobt und mit Forschungsgeldern des damaligen österreichischen Bautenministeriums wissenschaftlich begleitet und dokumentiert. Für den Wohnbau des Modells Steiermark ist die Terrassenhaussiedlung ein bedeutendes Vorbild. Das Konzept nach dem Prinzip des individuellen Hauses im Haus war allumfassend sowie beispiel- und vorbildlos in der Steiermark. Die Möglichkeit zur intensiven Partizipation von zukünftigen Bewohner*innen im Planungsprozess verlieh der Weiterentwicklung des steirischen Wohnbaus in den 1970er- bis 1980er-Jahren entscheidende Impulse.

2 Vgl. Gross, Eugen, et al.: *Demonstrativbauvorhaben Terrassenhaussiedlung Graz-St. Peter 1972–1978.* Graz 1979, S. 19.

3 Horkheimer, Max: *Anfänge der bürgerlichen Geschichtsphilosophie.* Stuttgart 1930, S. 86; vgl. Interview von Andrea Jany mit Eugen Gross. Graz, 21.11.2013.

Die Werkgruppe Graz entstand 1959 als Arbeitsgemeinschaft der Architekten Eugen Gross, Friedrich Groß-Rannsbach, Werner Hollomey und Hermann Pichler. Das gemeinsame Studium an der Technischen Hochschule Graz und die Zusammenarbeit in verschiedenen Projekten ließen eine Freundschaft entstehen, welche sie auch beruflich verband. Die Werkgruppe Graz erarbeitete mit einer Vielzahl von theoretischen Texten ihre Ideen und Vorstellungen über Architektur und Politik. Ihre Haltung verbanden sie untrennbar mit ihren Entwürfen.[4] Die soziale Dimension, das heißt die Auseinandersetzung mit der Gesellschaft und die Übersetzung der gewonnenen Erkenntnisse auf das Gebäude, war ein besonderes Anliegen. Sie suchten nach adäquaten architektonischen Antworten als Alternativen zum vorherrschenden Massenwohnbau und Einfamilienhaus. Die Terrassenhaussiedlung war, wenn auch ein sehr frühes Werk der Werkgruppe, der Höhepunkt ihres Schaffens. In der 30-jährigen Zusammenarbeit der Werkgruppe setzten die vier Architekten ohne vertragliche Vereinbarungen auf gegenseitiges Vertrauen. Ihre Arbeitsgemeinschaft löste sich 1989 in Freundschaft auf.[5]

Der Entwurf der Terrassenhaussiedlung basierte auf dem Beitrag der Werkgruppe Graz zu einem städtebaulichen Wettbewerb in Innsbruck/Völs in den Jahren 1962/63. Die Aufgabe bestand darin, eine Wohnanlage mit 800 Einheiten auf einem 40 Hektar großen Grundstück zu entwerfen. Die Anlage war als in sich geschlossene Stadterweiterung zu planen, die durch die beabsichtigte Anlage eines künstlichen Sees die Landschaftsplanung einschloss.[6] Das Konzept entwickelte eine verdichtete Bauweise, welche Atrium- und Geschosswohnungen terrassenartig auf einem künstlichen Hügel anordnete.[7] Wie später in Graz sollte den zukünftigen Bewohner*innen bereits hier die Möglichkeit geboten werden, innerhalb eines flexiblen und strukturalistisch aufgefassten Systems die Gestaltung ihrer Wohnungen zu übernehmen. Die Vision für die Terrassenhaussiedlung war geboren, auch wenn der Wettbewerbsbeitrag für Völs keine Berücksichtigung fand.[8]

Nach dem Wettbewerb adaptierten die Architekten den Innsbrucker Entwurf für eine Wohnanlage mit 1200 Einheiten für Graz-Algersdorf. Das anvisierte Grundstück wurde jedoch durch die Stadt verkauft und für den Bau des neuen Unfallkrankenhauses der Stadt Graz genutzt.[9] Zur gleichen Zeit beabsichtigte eine private Eigentümerschaft, das Grundstück einer im Jahr 1960 aufgelassenen Lehmgrube im Grazer Bezirk St. Peter,

4 Vgl. Werkgruppe Graz: „Gedanken über Beton. Ein Portrait der Werkgruppe". Interview von Hildegard Kolleritsch, ausgestrahlt im Österreichischen Rundfunk am 29.10.1980.

5 Vgl. Interview Gross 2013.

6 Vgl. Werkgruppe Graz: „Werkgruppe Graz. Weghaftes. Architektur und Literatur" [2009]. Unter: www.werkgruppe-graz.at (letzter Zugriff: 06.05.2019).

7 Vgl. Gross et al. 1979, S. 9.

8 Vgl. Werkgruppe Graz 2009; Koch, Robert: „Mitbestimmung. Wohin führt der Lernprozeß?" In: *Wohnbau. Fachzeitschrift für Wohnbauforschung*. Nr. 9/1979, S. 3–9, hier S. 8.

9 Vgl. ebd.

circa 3 Kilometer südöstlich der Grazer Innenstadt, zu verkaufen. Für dieses Grundstück entwickelte die Werkgruppe Graz gemeinsam mit den assoziierten Partnern Peter Trummer und Walter Laggner in den Jahren 1965/66 ein kostenloses Vorprojekt, wodurch das Projekt Terrassenhaussiedlung entstand. Die Anlage bildete einen Schwerpunkt der Erweiterung des Grazer Siedlungsgebietes.[10]

Die mit Bauschutt gefüllte Lehmgrube bot sehr ungünstige Bodenverhältnisse, worauf der Entwurf mit kompakten Bauformen reagierte, welche auf Pfählen gegründet wurden. Das Prinzip der terrassierten Stapelung führte dabei zu einer differenzierten Bauform in Nord-West- und Süd-Ost-Anordnung.[11] In der ehemaligen Lehmgrube wurde die zentrale Garage errichtet. Die Decke der Garage bildet zugleich das neue, künstliche Fußgängerniveau. Der Entwurf stützt sich auf eine Trennung der Planungsebenen in eine Primär-, Sekundär- und Tertiärstruktur.[12] Diese entsprechen der Rohbaustruktur, dem individuellen Ausbau der jeweiligen Wohnung und der Partizipation der zukünftigen Bewohner*innen im Bereich der eigenen Wohnungen, aber auch der gemeinschaftlichen Flächen. Dieses Prinzip greift auf den Strukturalismus in der Architektur zurück, mit den Vorbildern der japanischen Metabolist*innen und des Team X. Durch den Rückgriff auf die Methoden des Strukturalismus versuchten die Architekten der Terrassenhaussiedlung, jegliche Ideologien, Diktate und das Streben nach Massenproduktion abzulegen.[13]

Die Primärstruktur definierte den Städtebau, die Kubatur, das Tragsystem und die Installationsanschlüsse der Wohnungen. Nach Gross ist sie der Ausdruck für das Bewusstsein einer Gemeinschaft.[14] Ein wichtiges Entwurfsprinzip war die Einbeziehung der Natur und ihre Wechselwirkung mit den Menschen. Die Werkgruppe Graz ging davon aus, dass eine naturferne städtische Umgebung „Wochenend-Stadtflucht" hervorruft und somit auch die Zersiedelung des Umlands vorantreibt.[15] Um eine Verzahnung mit der Natur herbeizuführen, wurden daher Pflanzentröge, Terrassen und Raumnischen mit einer Vielzahl von unterschiedlichen Bepflanzungen eingeplant. „Die wuchernde Natur verändert den Gesamteindruck und das Klima hin zu einer dem Menschen angepassten Atmosphäre. In dieser wird das soziale Leben der Menschen sich dem Ausgleich, den die Natur bietet, hoffentlich nicht entziehen können!"[16] Aufbauend auf diesen Grundüberlegungen wurde die Siedlung in zwei Häuserzeilen mit je zwei zueinander versetzten Gebäuden geplant, die sich in

10 Vgl. Österreichische Gesellschaft für Architektur: „Neue städtische Wohnformen". Ausstellungskatalog Wien. Wien 1967.

11 Vgl. Interview Gross 2013.

12 Vgl. Gross et al. 1979, S. 11–16.

13 Vgl. Gross, Eugen: „Wie beeinflusste der Strukturalismus die ‚Grazer Schule' der Architektur?" In: Wagner, Anselm (Hg.): *Was bleibt von der „Grazer Schule"? Architektur-Utopien seit den 1960ern revisited.* Berlin 2012, S. 214–225. Online nachveröffentlicht unter: http://www.gat.st/news/wie-beeinflusste-der-strukturalismus-die-grazer-schule-der-architektur (letzter Zugriff: 24.03.2021).

14 Vgl. ebd.

15 Vgl. ebd.; Interview Gross 2013.

16 Gross et al. 1979, S. 16.

2 Terrassenhaussiedlung Graz-St. Peter, Werkgruppe Graz, 1973.

der Höhe von 8 auf 14 Obergeschosse staffeln. Die süd-östliche und nord-westliche Orientierung der Gebäude ermöglichte den Blick auf die Stadt und das damals noch grüne Umland.

Die Entwurfsebene der Sekundärstruktur bezieht sich auf die Wohnung als Ort der Individualität. Die Architekten versuchten, den Menschen in ihrer Vielfalt unterschiedliche Wohnformen und Grundrisse anzubieten, damit dem menschlichen Bedürfnis nach Identität entsprochen werden kann. In der Terrassenhaussiedlung sollte jede Familie die Vorzüge des Einfamilienhauses erleben, ohne auf die Gemeinschaft verzichten zu müssen. Das Prinzip der Individualität verhinderte in ihren Augen außerdem Monotonie und Unterwerfung. Insgesamt entwickelten die Architekten 24 Wohnungstypen von 45 bis 150 Quadratmetern, welche auf vier Grundtypen basieren: Terrassenwohnung, Maisonette, Ateliereinheit und Dachterrassenwohnung.[17] Die Architekten verstanden die Wohnungen als Bausteine, die, unter Berücksichtigung gewisser Spielregeln, in einem gegebenen Volumen untergebracht werden mussten.[18]

17 Vgl. ebd., S. 2.

18 Vgl. Interview Gross 2013.

Dabei konnte sowohl die Position der Innen- als auch die der Außenwände durch die zukünftigen Bewohner*innen bestimmt werden.[19] Die Fassadenelemente wurden als Baukastensystem konzipiert und nach den Wünschen der Bewohner*innen eingefügt.[20] Zentralisierte Installationsschächte und das Planungsraster gaben den Rahmen vor.

Die Entwurfsebene der Tertiärstruktur umfasste das Thema der Partizipation und versteht sich als integrativer Bestandteil der Primär- und Sekundärstruktur. Die Grenzen der Mitbestimmung waren klar durch diese vorgegebenen räumlichen Strukturen der Baukörper und Grundrissvarianten gesteckt.[21] Als Ausgangspunkt der Mitbestimmung und der Förderung des Interesses an der Wohnumgebung sah die Werkgruppe Graz die Kommunikation. Die Mitbestimmung der Interessent*innen im Planungsprozess reichte von der Grundriss- und Fassadengestaltung über die Wohnungsausstattung bis zur Entscheidung über die Gemeinschaftsräume. Die Architekten legten besonderen Wert darauf, im Innen- und Außenraum Gemeinschaftsräume zur Pflege der Freundschaft und Nachbarschaft zu schaffen.[22] Die Garagendecke wurde daher als Fußgängerdeck im Sinne eines urbanen, gestreckten Platzes gestaltet, der als zentrale Verteilerebene, Kommunikationsfläche und öffentlicher Lebensbereich zwischen den Baukörpern fungiert. Die individuellen Vorstellungen und Wünsche der Bewohner*innen nahmen während der Planungsphase stark zu. Die Werkgruppe Graz sah dies als positives Zeichen und Erfolg ihrer Bestrebungen.[23] In einem Radiointerview, das am 29. Oktober 1980 im Österreichischen Rundfunk ausgestrahlt wurde, formulierten die Architekten:

> „Die Bewohner, die ihre Wohnung gestaltet haben, haben schließlich unser Konzept erst realisiert. Insofern sehen wir Bauen als Vorgeben des Notwendigen und die Offenheit das Andere [sic!], das Weitere dann ergänzen und praktisch die Form erst vollenden. Wohnen kann also in dieser Form viel stärker nach unserer Meinung zu einer Identifikation mit seinem Lebensraum führen."[24]

Zur organisatorischen Umsetzung der Partizipation richteten die Architekten ein eigenes Beratungsbüro in einem Container auf dem Baugrundstück als Anlaufstelle für Wohnungsinteressierte ein. Hier konnten Termine zur konkreten Planung einer Wunschwohnung vereinbart werden.[25] Den Käufer*innen der Eigentumswohnungen half ein Modell der Siedlung dabei, sich

19 Vgl. Adam, Hubertus: „Das Jahr 1959 und die Folgen. Die Werkgruppe Graz im internationalen Kontext". In: Guttmann, Eva/Kaiser, Gabriele (Hg.): *Werkgruppe Graz 1959–1989. Architecture at the Turn of Late Modernism.* *Eugen Gross, Friedrich Groß-Rannsbach, Werner Hollomey, Hermann Pichler.* Zürich 2013, S. 26–37, hier S. 30.

20 Vgl. Koch 1979, S. 8.

21 Vgl. Gross et al. 1979, S. 18.

22 Vgl. ebd., S. 17.

23 Vgl. ebd.

24 Werkgruppe Graz 1980.

25 Vgl. Interview Gross 2013.

3 Terrassenhaussiedlung Graz-St. Peter.

ihrer Vorlieben bezüglich Lage, Größe, Besonnung, Aussicht und räumlicher Zuordnung der Wohnung bewusst zu werden.[26]

26 Vgl. Gross et al. 1979, S. 6.

Die Terrassenhaussiedlung entspricht einer kleinen Ortschaft, die ein eigenes soziales Leben entwickelt. In der Planung waren daher ein Kindergarten mit Spielplatz, Cafés, Geschäfte für den täglichen Bedarf und Gemeinschaftsflächen vorgesehen. Ein geplantes Gemeinschaftszentrum, als fünftes Gebäudevolumen zur Verbindung der vier Hauptkörper mit Geschäften und Cafés, wurde aufgrund des Mangels an Mietinteressenten nicht ausgeführt. Heute befindet sich „das Zentrum" in weitaus kleinerer Form im Erdgeschoss des nordöstlichen Baukörpers der Anlage. Es wird von der Interessensgemeinschaft verwaltet und bietet Platz für Kurse, Ausstellungen und Feste. Der zweigruppige Kindergarten im Erdgeschoss des nordwestlichen Baukörpers erlaubt die wohnungsnahe Betreuung der Kinder. Auf der Höhe des vierten Geschosses aller Baukörper ordneten die Planer eine öffentliche Erschließungsebene an, welche als optische Zäsur dient. Die Erschließungsebene ist

4 Temporäres Caféhaus – Prototyping im Rahmen des Projektes SONTE.

mit Gemeinschaftsräumen und -terrassen ausgestattet und verbindet die offenen Stiegenhäuser miteinander. Als Kommunikationsebene sollte sie eine soziale Funktion übernehmen sowie die Integration des Individuums in die Gemeinschaft fördern.[27] Im Jahr 1978, zum Zeitpunkt der finalen Wohnungsübergabe an die Bewohner*innen, umfasste die Wohnanlage 522 Wohnungen mit circa 800 Eigentümer*innen und rund 2000 Bewohner*innen. Die Verwaltung übernahm eine eigens gegründete Interessengemeinschaft der Eigentümer*innen der Siedlung.

27 Vgl. Interview Gross 2013.

Das Projekt SONTE

In der Sondierungsstudie SONTE wurde gemeinsam mit den Bewohner*innen ein Modernisierungsleitfaden entwickelt. Das transdisziplinäre Forschungsvorhaben, gefördert von 2017 bis 2018 durch den österreichischen Klima- und Energiefonds, erarbeitete Vorschläge für die Themenfelder Gebäude und Energie, Grün- und Freiraum, urbane Mobilität sowie Kommunikation und Gemeinschaft. Die Architekten der Werkgruppe Graz entwickelten bereits während der Planungsphase der Siedlung ein Kommunikationsmodell mit den zukünftigen Bewohner*innen und banden diese in Form einer Mitbeteiligung in den Planungsprozess ein. Dieser Ansatz war die Basis für die erneute Beteiligung der Bewohner*innen für die Entwicklung des Modernisierungskonzeptes der Siedlung.

Ein Forschungsteam, an dem acht verschiedene Institute aus acht Disziplinen beteiligt waren, untersuchte die Siedlung im Sinne einer nachhaltigen Modernisierung der Anlage in vier Handlungsfeldern. Die Bewohnerschaft, die Immobilienverwaltung und der Hausmeister wurden durch Fragebögen, Sprechstunden, Workshops, *Prototyping*, Angebote des hauseigenen Fernsehkanals sowie digitale Angebote beteiligt. Gemeinsam mit allen Stakeholder*innen und den Expert*innen konnte so der Modernisierungsleitfaden für die Siedlung entwickelt werden. Für jedes der vier Felder wurden, unter Berücksichtigung der fachspezifischen Analysen und sämtlicher Anregungen und Ideen, konkrete Maßnahmenempfehlungen entwickelt, wobei nur jene Maßnahmen im Modernisierungsleitfaden empfohlen wurden, denen mehr als 50 Prozent der Bewohner*innen zustimmten.

Diesen Maßnahmenempfehlungen sind drei Umsetzungsebenen zugeordnet. Auf der ersten, individuellen Ebene soll die persönliche Wohnumwelt im eigenen Verantwortungsbereich verbessert werden. Auf der zweiten, nachbarschaftlichen Umsetzungsebene ist das Ziel, die Nachbar*innen zur Auseinandersetzung mit und Verbesserung der unmittelbaren, gemeinschaftlich genutzten Wohnumwelt zu aktivieren. Die Empfehlungen der dritten, externen Ebene beziehen sich auf Maßnahmen, welche einen Beschluss der Eigentümer*innen erfordern und durch externe Fachfirmen beziehungsweise Expert*innen betreut und abgewickelt werden müssen. Ein konkretes Resultat, das das Projekt SONTE erreichen konnte, ist die Initiierung eines regelmäßigen Nachbarschaftscafés. Dieses wird durch Bewohner*innen organisiert und findet wetterabhängig in oder vor den Räumlichkeiten des Zentrums statt. Des Weiteren formierte sich ein Arbeitskreis zum Thema Mobilität, um die steigenden Anforderungen an den ruhenden Verkehr in Kombination mit neuen Technologien zu diskutieren.

Die Terrassenhaussiedlung Graz-St. Peter

Der respektvolle Umgang mit der Gebäudesubstanz und die Weiterentwicklung dieser gebauten Utopie gemeinsam mit der Bewohnerschaft war ein lohnender Prozess. Die Bandbreite an Ideen und Aspekten, welche durch die langjährige Erfahrung und Nutzung der Siedlung entstanden sind, war eine maßgebliche Quelle für den entwickelten Modernisierungsleitfaden. Im Sinne des kontinuierlichen Wachstums urbaner Regionen ist die Weiterentwicklung des Wohnbaubestandes in Bezug auf die Klima- und Nachhaltigkeitsziele eine aktuelle Fragestellung. Neue Konzepte und innovative Ansätze werden dabei notwendig sein, um den gesamten Wohnungsgebäudebestand zu modernisieren. Partizipative Formate und Angebote zur Einbindung der Bewohner*innen sind hierbei ein Schlüssel zu einer gelingenden und akzeptierten Transformation.

Platzprobe
From Luftschloss to Reality

Peter Weigand (umschichten)

Ein Beteiligungsprozess in der Großwohnsiedlung Köln-Chorweiler setzt das Unfertige als Methode und Werkzeug ein, um
Bewohnerideen und -bedürfnisse zu sammeln, direkt zu übersetzen, sie vor Ort 1:1 sichtbar und erfahrbar zu machen, zu testen
und zu diskutieren.

Die drei Plätze im Zentrum der Großsiedlung Chorweiler
in Köln, der Liverpooler Platz, der Pariser Platz und die Lyoner
Passage, sind kaum als solche zu erkennen, so groß und wenig
strukturiert sind sie. Nachdem das Büro Urban Catalyst mit
der Analyse und der Bürgerbeteiligung für die Neugestaltung
beauftragt worden war, erkannte es schnell, dass es nicht darum
gehen kann, die typischen Strukturen der Nachkriegsmoderne
mit klassischen Raumkanten neu zu ordnen, und holte das Büro
umschichten ins Projektteam. umschichtens langjährige Erfahrung mit dem bauenden Entwerfen, der Kooperation mit Lai*innen und dem schnellen Agieren machten das Büro zu einem
idealen Partner für Chorweiler. Denn hier stellte sich nach der
Analysephase die Frage, wie Bürgerbeteiligung in einer Großwohnsiedlung funktionieren kann und wo Partizipation überhaupt
ansetzen soll. Kontaktaufnahme und Kommunikation zwischen
professionellen Planer*innen und betroffenen Bürger*innen lau-
fen immer Gefahr, selektiv zu wirken: Wer wird angesprochen,
wer eingeladen, wer nimmt teil – und in welcher Sprache unterhält
man sich eigentlich? Jugendliche beispielsweise sind in Chorweiler eine wichtige Nutzergruppe, die wir unbedingt ansprechen
wollten; in herkömmlichen Partizipationsprozessen sind sie aber
kaum vertreten.

In der Beteiligung von Lai*innen war die Kommunikation mit klassischen Plandarstellungen immer schon eine Hürde, und andersherum ist es schwierig, die Interessen der beteiligten Bürger*innen so zu formulieren, dass sie nach dem Ende der Beteiligungsphase Einzug in die Planung finden. Eine Möglichkeit, diesem Problem zu begegnen, ist sicherlich die Arbeit mit Modellen, die einen plastischen Eindruck der räumlichen Situation erzeugen. Aber was, wenn auch dies noch zu abstrakt ist, um den Sprung von der Planung in den realen Raum zu schaffen? Um hier noch früher und direkter einzusteigen, wurde umschichten von Urban Catalyst eingeladen, das von der Stadt Köln beauftragte Beteiligungsverfahren mit einer Beteiligungswerkstatt vor Ort und konkreten Bauaktionen zu unterstützen. Aus diesem Ansatz entstand die *Platzstation Chorweiler*, die es Menschen aus Chorweiler erlaubte, das Herz ihres Stadtteils ganz konkret mitzugestalten.

Grundidee, Prozess und Methodik

Mit der *Platzstation* war es möglich, die Bedürfnisse der Bewohner*innen eine Woche lang nicht nur durch Diskussionen an Plänen nachzuvollziehen, sondern durch gemeinsam mit den Anwohner*innen entwickelte Bauaktionen Raum- und Nutzungsvorschläge direkt zu materialisieren und auszuprobieren. Die Grundidee für die Freiraumgestaltung der drei Plätze war, diese mit einer organisierten Aneignung zu koppeln. Der öffentliche Raum sollte zu einem Raum für die Anwohner*innen werden, in dem vielfältige Nutzungen für unterschiedlichste Gruppen möglich wären.

Ein Werkstatt- und ein Küchencontainer, von umschichten mitgebracht und in der Lyoner Passage aufgestellt, bildeten die Basis für eine von Anwohner*innen täglich betriebene Volksküche sowie für Veranstaltungen und Workshops. Im Rahmen der *Platzstation* wurden viele neue Ideen ausprobiert – beispielsweise ein Basketballfeld auf dem Parkplatz vor dem Einkaufszentrum, ein Schachfeld auf dem Pariser Platz, eine temporäre Bühne oder die täglich sich selbst entwickelnde Multikulti-Balkan-Russen-Disco um die Container der *Platzstation* in der Lyoner Passage. Vom Moment der Anlieferung des Werkstattcontainers an scharten sich sofort zahlreiche Kinder und Jugendliche um uns. Letztendlich erwies sich dies als ein Schlüssel für das gemeinsame Bauen und Diskutieren mit der Bewohnerschaft – über die Kinder und

1 Abschlussausstellung – mit Fotos und *Learnings* aus dem Beteiligungsprozess, bewusst im öffentlichen Raum und nicht im Bürgerzentrum.

Jugendlichen kamen wir in Kontakt mit den Eltern und anderen
Erwachsenen und konnten so ein wirklich breites Spektrum an
Ideen und Wünschen sammeln und auch gleich zur Abstimmung
auf der Ideenwand platzieren.

Der Beteiligungsprozess war so angelegt, dass die dort
gesammelten Ideen und Vorschläge der Bewohner*innen
regelmäßig in die fortschreitende klassische städtebauliche
und architektonische Planung eingearbeitet und die Ergebnisse
wiederum in mehreren Treffen und Veranstaltungen mit den
Bewohner*innen rückgekoppelt wurden. Die Resultate wurden
abschließend im sogenannten Platzbuch (einer Materialsamm-
lung zum Kontext, zum Prozess und zur Methodik der Beteiligung,
zu deren Formaten und Werkzeugen, sowie der Ergebnisse und
Learnings) dokumentiert und den Verantwortlichen im Stadtplanungsamt und in der Stadtverwaltung übergeben.

2 Ideenwerkstatt I – offenes Zirkuszelt mit begehbarem Modell mit ersten, während der Platzstationswoche gesammelten Ideen.

Vorbereiten und Erkunden

Eine erste Annäherung an den Stadtteil und die Siedlung fand durch diskursive Ortsbegehungen statt, bei denen Urban Catalyst, umschichten und andere Planer*innen sich den Stadtteil aus der Sicht verschiedenster Akteur*innen zeigen ließen. Die Ergebnisse wurden, parallel zur klassischen städtebaulichen Analyse, in Akteursdiagrammen und einer Akteursdatenbank zusammengefasst. Bevor die *Platzstation* ihre Arbeit aufnahm, wurde dann ein großes Billboard am zentralen Platz angebracht, das auf die Aktion aufmerksam machte; außerdem wurden Poster und Flyer verteilt und ein grafisches Konzept für alle Aktionen entwickelt.

Um die Ideen vor Ort zu sammeln, nutzte Urban Catalyst ein Post-it-Panorama, auf dem Bewohner*innen ihre Ideen einfach hinterlegen konnten, und eine interaktive Karte, die in einer möglichst einfachen Darstellung die stadträumliche Situation zeigte und über die neu zu gestaltenden Räume informierte. In einer öffentlichen Auftaktveranstaltung in der lokalen Shoppingmall wurden der Prozess und die bisherigen Analysen vorgestellt, ehe die *Platzstation* den Betrieb aufnahm.

3 Akteur*innen finden und einbinden – Gespräch mit den Jungs vom Boxclub über den Bau eines temporären Gebäudes für die weiterführende Beteiligung.

Ideen sammeln und testen

Nach dem von umschichten oft angewendeten Prinzip der offenen Baustelle – also dem Arrangieren von unterschiedlichen (Bau-)Materialien im öffentlichen Raum – entstand aus den zwei mitgebrachten Containern und einem nie fertiggestellten Dach in der Lyoner Passage ein Ort für Diskussionen mit einer temporären Werkstatt und einer Küche. Die offene Baustelle signalisierte den Menschen vor Ort Offenheit und bot ihnen sehr niederschwellig die Möglichkeit, sich über Gespräche oder auch konkretes Tun in den Bauprozess einzuklinken, sodass sich automatisch Neues und Ungeplantes entwickeln konnte. Ein großes Team aus Urbanist*innen, Architekt*innen und Handwerker*innen war fast rund um die Uhr vor Ort, um mit den Menschen in Kontakt zu treten, zu bauen und dafür zu sorgen, dass nichts verschwand oder zerstört wurde.

Während der Woche, in der die *Platzstation* aktiv war, wurden in mehreren Formaten Projekt- und Nutzungsideen für die Umgestaltung der Plätze entwickelt und getestet: Es gab einen öffentlich zugänglichen Ideenpool, in dem die Bürger*innen – bei Bedarf mit fachlicher Unterstützung – ihre Wünsche

4 Flex-Zone – der Idee folgend, einen Bereich in der Planung für sich noch zu entwickelnde bauliche Eingriffe freizuhalten, entstand ein temporäres Fußballfeld mit dazugehörigem Outdoor-Gym.

aufschreiben, visualisieren und auch verorten konnten. Daneben fanden mehrere Safaris unter der Leitung von sowohl externen Expert*innen aus Stadt und Verwaltung als auch Bewohner*innen statt. Außerdem wurde täglich gebaut. So entstanden über 60 konkrete Ideen, von denen 15 gemeinsam mit Bewohner*innen temporär realisiert und getestet wurden. Gleichzeitig gab es ein umfangreiches Rahmenprogramm mit täglichem gemeinsamem Kochen und Essen, Veranstaltungen wie Konzerten oder Graffiti-Workshops, Musikunterricht und vielen anderen Angeboten. Die intensive Woche vor Ort wurde durch ein Bürgerevent mit einer großen interkulturellen Feier abgeschlossen. Mit der *Platzstation* begann auch die Einbindung des interdisziplinären Planungsteams aus Mitarbeiter*innen des Stadtplanungsamts und der Arge Chorweiler, die aus einem Landschaftsplanungsbüro, einem Städtebau- sowie einem Ingenieurbüro bestand.[1]

    Um die Ergebnisse, die während der *Platzstation* erarbeitet wurden, in der Planung zu verankern, gab es noch zwei weitere Ideenwerkstätten – eine in einem Zirkuszelt und eine im Gemeindezentrum. Hier konnten die Chorweiler Bürger*innen ihre Ideen gemeinsam mit dem Planungsteam in einem begehbaren Modell

1 Mitglieder der Arge waren lad+ landschaftsarchitektur diekmann, yellow z urbanism architecture, Berlin/Zürich, BPR Bernd F. Künne & Partner, Köln.

5 Bauen, kochen, essen, diskutieren – eine Mischung der Formate und eine grundsätzliche Offenheit waren der Schlüssel für die Beteiligung der Anwohner*innen am Prozess.

vertiefen und ausarbeiten. Dabei sollten die Orte für einzelne Nutzungen und die Gestaltung von Details konkretisiert werden, außerdem sollten mögliche Partnerschaften und Patenschaften für die Umsetzung gefunden werden.

Nach einem weiteren Workshop mit Mitarbeiter*innen der Verwaltung fand eine große Ausstellung im öffentlichen Raum mit einer letzten Abschlussveranstaltung und der Präsentation eines Ergebnispanoramas statt. Hier wurde der Staffelstab endgültig an die Planer*innen übergeben, und zwar in Form eines Platzbuches, das sämtliche Ergebnisse aus dem Beteiligungsprozess zusammenfasst.

Fazit

Über den kontinuierlichen Kontakt mit im Stadtteil aktiven Schlüsselakteur*innen und deren verbindliche Einbindung in die Werkstätten und Veranstaltungen vor Ort ist es gelungen, ein Vertrauensverhältnis zwischen Urban Catalyst / umschichten und den Bewohner*innen aufzubauen, das auch von einer Wertschätzung gegenüber bereits bestehenden Institutionen geprägt war. Über den Prozess des Selbermachens konnten die Bewohner*innen sich als kompetente Gestalter*innen ihrer Umwelt erfahren und sich neu mit den Plätzen identifizieren. Das offene, prozesshafte Arbeiten hatte auch aus der Sicht der Bewohner*innen viele Vorteile und wurde zu einem wichtigen Teil des Weiterentwicklungskonzepts für die drei Plätze.

 Nicht alle klassischen Beteiligungswerkzeuge, die sich anderswo bewährt haben, können ohne Weiteres auf eine Großwohnsiedlung wie Chorweiler übertragen werden. Dass wir mit vollem Einsatz dabei sind, ist in Kontexten wie der *Platzstation* immer spürbar. Wir haben intensiv und auf Augenhöhe mit den Bewohner*innen kommuniziert, ihre Grundbedürfnisse ernst genommen und Jugendliche einbezogen. Die innovativen und ungewohnten Formate weckten das Interesse der Bewohner*innen und regten sie erfolgreich zum Mitmachen an. Die ständige Präsenz unseres zehnköpfigen *24-Hour-Onsite*-Beteiligungsteams an unterschiedlichen stark frequentierten Orten verankerte das Projekt im Bewusstsein der Bewohner*innen und schuf Vertrauen. Dabei war es wichtig, mit Anwohner*innen nicht nur verschiedene Ideen zu diskutieren, sondern diese direkt und gemeinsam mit ihnen umzusetzen und praktisch auszuprobieren. Viele konkrete Fragen dieser Arbeitsweise sind noch ungeklärt, etwa die persönliche Haftung bei Bauaktionen oder die Verkehrssicherheit von mit Lai*innen kollaborativ gebauten Interventionen im öffentlichen Raum. Wir gehen dieses Risiko ein, weil wir nur so den direkten und gleichberechtigten Kontakt zu den Bewohner*innen aufbauen können.

 Beteiligungs- und Planungsprozesse müssen Hand in Hand gehen. Hierbei sind die Zusammenarbeit mit dem Planungsteam, das Timing des Prozesses sowie die Einhaltung von Förderungs- und Ausschreibungsfristen besonders wichtig – und stehen der Dynamik gelingender Beteiligungsprozesse manchmal im Wege. Die Zusammenarbeit von Planer*innen und Verwaltung sollte zu Synergien innerhalb institutioneller Strukturen führen, sie kann aber auch Sollbruchstellen bei der Überführung der Beteiligungsergebnisse in die Planung erzeugen. Prinzipiell war das als prototypisches Beteiligungsverfahren konzipierte Projekt konzeptionell gut durchdacht und finanziell gut ausgestattet. Es wurde von der Stadt Köln und ihrem Stadtplanungsamt voll unterstützt und hat die Bewohner*innen des Stadtteils wie gehofft erreicht. Bis zum Ende der Aktivitäten der *Platzstation* lief aus unserer Sicht alles sehr gut – von der

6 Arrival – der Werkstattcontainer als erster Baustein der nie fertig gebauten *Platzstation* kommt in Köln-Chorweiler an.

Kontaktaufnahme und Vernetzung im Viertel, der Bereitschaft der Bürger*innen und der beteiligten Institutionen und Initiativen, sich auf den Prozess einzulassen, bis hin zur Zusammenarbeit mit den Ämtern. Auch das direkte Handeln und Lösen von Problemen hat die Bewohner*innen sehr beeindruckt und erfreut – es wurden nicht nur neue Ideen entwickelt, sondern auch Hecken geschnitten, Bänke repariert und neue Sitzmöglichkeiten geschaffen.

Trotzdem wurden bei der Neugestaltung der Plätze am Ende nur wenige der von den Bürger*innen entwickelten Ideen aufgenommen und umgesetzt. Das liegt unserer Meinung nach an den schwierigen Rahmenbedingungen, an die die Fördergelder der EU gekoppelt sind – die damit verbundenen Regularien und Fristen überschnitten sich mit dem Beteiligungs- und Planungsprozess punktuell extrem und konterkarierten diesen teilweise. Dadurch war die Stadt genötigt, Gelder schon auszugeben, bevor die Ergebnisse des Beteiligungsprozesses in die Planungen eingearbeitet werden konnten. Die als Ergebnis des Beteiligungsprozesses vorgeschlagenen temporären Zwischennutzungen für unterschiedliche Nutzergruppen kamen so leider nicht zustande. Das ist besonders schade, weil es bei der *Platzstation* neben dem Testen von Programmen auch um ganz existenzielle Fragen des Alltags ging. Die Jugendlichen beispielsweise waren regelrecht erstaunt darüber, dass wir ihre Meinung hören wollten und Interesse für ihre Belange zeigten – dass sie also ernst genommen wurden. Dies führte erfreulicherweise auch dazu, dass sie ein richtiges Nutzungskonzept und gemeinsam mit uns ein Raumprogramm für ein temporäres multifunktionales Gebäude entwickelten, sich in politische Prozesse einmischten und ihre Wünsche vortrugen.

Das Engagement war während des gesamten Beteiligungsprozesses vor Ort, in den nachfolgenden Workshops und während der Veranstaltungen zur Konzeptentwicklung so deutlich zu spüren, dass wir davon ausgehen, dass viel mehr Möglichkeiten für die Menschen vor Ort hätten geschaffen werden können, sich ihren öffentlichen Raum anzueignen und in der Folge mehr Verantwortung für ihn zu übernehmen, wenn mehr Zeit zur Verfügung gestanden hätte. Das wäre viel wichtiger gewesen als ein neuer Bodenbelag. Eine Ideenentwicklung in einem mehrstufigen, iterativen Prozess wie in Chorweiler sollte am besten zu punktuellen Interventionen führen, nicht zu einer Rundumsanierung, auch wenn das länger dauert und weitere Ressourcen für die Partizipation bindet. Im Falle der Neugestaltung der drei Plätze in Chorweiler fehlte am Ende die Zeit, das entwickelte Freiraumkonzept auch umzusetzen. Die Idee einer Testphase im Anschluss an das Beteiligungsverfahren, bei der über temporäre bauliche Interventionen in sogenannten „Flexzonen" noch programmatische und bauliche Optionen offengehalten worden wären, hat in der Realisierung leider keinen Platz mehr gefunden.

Projektbeteiligte/Team: Urban Catalyst (Ilkin Akpinar, Mathias Burke, Jan Dubsky, Eleonore Harmel, Leon Jank, Klaus Overmeyer, Janin Walter); umschichten (Reinhold Buhr, Sebastian Klawiter, Lukasz Lendzinski, Hanna Noller, Peter Weigand)

Kurzbiografien

Matthias Brunner ist Architekturhistoriker, Architekt und Postdoc im Forschungslabor Nachkriegsmoderne der Frankfurt University of Applied Sciences. Er studierte Architektur an der ETH Zürich, arbeitete als Projektleiter in verschiedenen Architekturbüros, promovierte an der Accademia di architettura, Mendrisio über Richard Neutras Verhältnis zum Licht, arbeitete dort als Postdoc und war für die Denkmalpflege des Kantons Luzern tätig.

Nina Gribat ist Professorin für Stadtplanung an der Brandenburgischen Technischen Universität. Ihre Forschungsinteressen umfassen: Gestaltungs- und Steuerungsprozesse urbaner Transformationen; stadt- und planungspolitische Konflikte; Reformbewegungen in Architektur und Stadtplanung. Sie ist Mitglied des Redaktionskollektivs von *sub\urban. Zeitschrift für kritische Stadtforschung*.

Maren Harnack ist Architektin, Stadtplanerin und Professorin für Städtebau an der Frankfurt University of Applied Sciences. Sie studierte Architektur, Städtebau und Sozialwissenschaften in Stuttgart, Delft und London. Im Jahr 2011 veröffentlichte sie ihre Dissertation *Rückkehr der Wohnmaschinen. Sozialer Wohnungsbau und Gentrifizierung in London*. 2018 gründete sie mit ihren Kollegen das Forschungslabor Baukultur und Siedlungsbau der Nachkriegsmoderne an der Frankfurt University of Applied Sciences. Ihre Forschung beschäftigt sich mit großen Wohnungsbauten in Westeuropa.

Kurzbiografien

Natalie Heger ist Architektin und Mitbegründerin der interdisziplinären Arbeitsgemeinschaft u Lab, Studio für Stadt und Raumprozesse. Sie forscht seit 2018 am Forschungslabor Nachkriegsmoderne an der Frankfurt University of Applied Sciences (Postdoc) und lehrt seit 2007 am Fachbereich Architektur, Stadt- und Landschaftsplanung der Universität Kassel. In ihrer Promotion hat sie die Planungs- und Ideengeschichte des Olympischen Dorfs in München im Kontext zeitgeschichtlicher, politischer und gesellschaftlicher Einflüsse untersucht.

Swenja Hoschek hat Wirtschafts- und Sozialgeschichte in Göttingen und Marburg studiert. Sie ist seit 2018 Wissenschaftliche Mitarbeiterin an der TU Darmstadt im DFG-Projekt „Großsiedlungen in der Krise? Modernekritik und Vergemeinschaftung in den 1970er Jahren" und promoviert zum Alltag in und der Stigmatisierung von Großsiedlungen in den 1970er-Jahren.

Bernd Hunger ist als Stadtplaner und Stadtsoziologe in Berlin tätig. Er ist Vorsitzender des Kompetenzzentrums Großsiedlungen e. V. Als Inhaber des StadtBüro Hunger, Stadtforschung und -entwicklung ist er zu vielfältigen Themen der Stadtentwicklung und Sozialplanung beauftragt. Seine Arbeitsschwerpunkte sind integrierte Stadtentwicklung, Stadtumbau, Soziale Stadt und Baukultur im Wohnungsbau. Dank seiner langjährigen Tätigkeit für den GdW Bundesverband deutscher Wohnungs- und Immobilienunternehmen ist er bestens mit der Wohnungswirtschaft vernetzt.

Andrea Jany ist promovierte Architektin. Nach ihrer Ausbildung an der Bauhaus-Universität Weimar, der Virginia Tech, der Stanford University und der TU Graz sowie zehnjähriger Planungspraxis und einem Forschungs- und Lehraufenthalt an der Stanford University arbeitet sie gegenwärtig am RCE Graz-Styria der Universität Graz. Darüber hinaus unterstützt sie die Lehre im Bereich Stadtgeografie und lehrt extern im Bereich Architektursoziologie und -theorie. Sie publizierte im Jovis-Verlag *Experiment Wohnbau. Die partizipative Architektur des Modell Steiermark* und ist Mitinitiatorin der Initiative WOHNBAU.DIALOG STEIERMARK.

Arvid Krüger ist Stadt- und Raumplaner und Postdoc an der Universität Kassel im Forschungsverbund Neue Suburbanität und war im Sommersemester 2020 Gastprofessor im Fachgebiet Stadterneuerung und integrierte Stadtentwicklung an der FH Erfurt. Er hat in Berlin und Stockholm studiert und 2018 an der Bauhaus-Universität Weimar zur Stadterneuerung von Großsiedlungen promoviert. Dort ist er Teil des Netzwerks Weimarer Wohnungsforschung und Zweitmitglied im Bauhaus-Institut für Geschichte und Theorie der Architektur und Planung. Seine Forschungsschwerpunkte verbindet er kontinuierlich mit der Planungspraxis. Er ist ehrenamtlich bei der der Vereinigung für Stadt, Regional und Landesplanung SRL aktiv.

Sigrun Kabisch studierte Volkswirtschaft und Soziologie, wurde auf dem Gebiet der Stadtsoziologie promoviert und hat sich in sozialwissenschaftlicher Stadtgeografie habilitiert. Seit 1992 arbeitet sie am Helmholtz-Zentrum für Umweltforschung – UFZ in Leipzig. Seit 2004 leitet sie das Department für Stadt und Umweltsoziologie. An der Universität Leipzig lehrt sie am Institut für Geografie. Sie fungiert als Vorsitzende des wissenschaftlichen Beirats der JPI Urban Europe.

Ragna Körby studierte Stadt- und Regionalplanung an der TU Berlin und absolvierte das Städtebaureferendariat in Hessen. Sie arbeitete im Stadtplanungsamt Frankfurt am Main als Leiterin für das Projekt „Soziale Stadt Ben-Gurion-Ring". Zudem war sie Mitgründerin des Kulturvereins schwarzwurzel, der sich mit partizipativen Kunstprojekten einer kleinen Stadt in Thüringen widmete. Aktuell ist sie Wissenschaftliche Mitarbeiterin an der TU Kaiserslautern am Fachgebiet Stadtumbau+Ortserneuerung und promoviert über Bibliotheken als Bausteine der Stadtentwicklung.

Pia Lanzinger lebt und arbeitet als Künstlerin in Berlin. Ihr Schwerpunkt liegt auf kollaborativen Projekten im öffentlichen Raum, die den Versuch unternehmen, Bruchstellen und Ungereimtheiten wahrzunehmen und für kommunikative Experimente zu nutzen. Ihr Ziel dabei ist ein veränderter Blick auf die Bedingungen alltäglicher Existenz und die Freisetzung von Gestaltungsspielräumen, die regelmäßig übersehen werden. Pia Lanzinger realisierte Projekte und Ausstellungen in Institutionen sowie im öffentlichen Raum. Sie erhielt Aufenthaltsstipendien im In- und Ausland sowie Arbeits und Projektstipendien, unterrichtete an verschiedenen Kunstakademien und kuratierte Ausstellungen in Kunstinstitutionen und im öffentlichen Raum.

Paul Rajakovics gründete mit Barbara Holub 1999 transparadiso als transdisziplinäre Praxis zwischen Urbanismus, urbaner Intervention, Architektur und Kunst. transparadiso entwickelte die Methode des „direkten Urbanismus". Redaktionsmitglied von *dérive* (seit 2001). Otto-Wagner-Städtebaupreis (2007); Österreichischer Kunstpreis (2018). Lehre an der TU Wien (seit 1997). Workshops, Vorträge u.a.: IUAV Venedig; UMPRUM Prag; Valand Academy Göteborg; Universidad Católica Valparaíso. Aktuelle Projekte u.a.: WoGEN Quartiershaus, Wien; NORMAL × 4 / Graz 2020; Wimhölzel Hinterland, Linz.

Volker Schmidt ist Autor, Regisseur, Fotograf und Schauspieler. Inszenierungen/Uraufführungen u.a. in Deutschland, Österreich, Dänemark, Russland, Rumänien. Preise/Einladungen u.a.: Heidelberger Stückemarkt, Stückemarkt des Berliner Theatertreffens. Volker Schmidt leitet die Freie Gruppe new space company in Wien, mit der er für *komA* den Nestroy-Preis für die beste Off-Produktion erhielt.

Hans Jürgen Schmitz studierte Architektur in Aachen und promovierte an der TU Dortmund zum Thema klimagerechte Architektur. 2006 gründete er ein Planungsbüro für Bauphysik und Energieberatung. Seit 2010 lehrt und forscht Schmitz an der Frankfurt University of Applied Sciences zu Themen der Nachhaltigkeit und Energieeffizienz.

Daniel Theiler war Meisterschüler bei Nina Fischer an der UdK
Berlin, Studiengang Kunst und Medien. Kunststudium an der
Bauhaus-Universität Weimar und der School of the Art Institute
of Chicago. Architekturstudium an der TU Berlin, ETH Zürich
und University of Strathclyde, Glasgow. Daniel Theiler arbeitet
in verschiedenen Medien, von Video und Skulpturen bis hin zu
öffentlichen Interventionen. Er erforscht das gesellschaftliche
Miteinander und beschäftigt sich besonders mit den Themen
Rekonstruktion und Vision, Utopie und soziale Realität.

Peter Weigand ist Mitinhaber des Architekturbüros umschich-
ten. 1999 Abschluss einer Zimmererausbildung. 2007 Diplom
Architektur & Design, Staatliche Akademie der Bildenden Künste
Stuttgart. 2008–2014 Akademischer Mitarbeiter am Lehrstuhl
für Entwerfen, Architektur & Gebäudelehre bei Prof. Nicolas
Fritz, Staatliche Akademie der Bildenden Künste Stuttgart. 2008
Landesgraduiertenförderung. 2011/13 Stipendiat der Akademie
Schloss Solitude. 2013/14 Stipendiat am Centre for Contempo-
rary Art, Ujazdowski Castle, Warschau. Seit 2015 div. Lehrauf-
träge. 2019 Gastprofessur am Institut für Ausstellungsdesign
und Szenografie der Staatlichen Hochschule für Gestaltung,
Karlsruhe.

Bildnachweis

S. 138	Andrea Jany
S. 143	Mathias Burke
S. 144	umschichten
S. 145	Mathias Burke
S. 146	Studio 95
S. 147, 149	umschichten

FRANKFURT
UNIVERSITY
OF APPLIED SCIENCES

Forschungslabor für Baukultur und Siedlungsbau der Nachkriegsmoderne

Das Forschungslabor für Baukultur und Siedlungsbau der Nachkriegsmoderne der Frankfurt University of Applied Sciences versteht die Wohnsiedlungen der Jahre 1945–1975 als eine wichtige kulturelle, soziale, wirtschaftliche, architektonische und städtebauliche Ressource. Es entwickelt und verbreitet ganzheitliche Strategien für ihre Weiterentwicklung und Erhaltung. Ein besseres Verständnis der Siedlungen hat an Wichtigkeit gewonnen, da der Druck, sie an aktuelle Anforderungen und Bedürfnisse anzupassen, in den letzten Jahren stark zugenommen hat. Oft ist eine Verbesserung ihrer Energieeffizienz, ihrer Barrierefreiheit sowie ihrer sozialen und technischen Infrastruktur erforderlich. Außerdem wird immer häufiger geplant, die Dichte der Siedlungen zu erhöhen. Dadurch drohen nicht selten ihre Grünflächen und ihre spezifischen räumlichen Qualitäten verloren zu gehen. Das Forschungslabor Nachkriegsmoderne strebt danach, fundiertes Grundlagenwissen über Nachkriegssiedlungen zu schaffen und zu verbreiten. Es erforscht regionale Fallbeispiele, arbeitet mit Expert*innen aus der ganzen Welt zusammen, um von deren Erfahrungen zu lernen, und lässt Studierende der Frankfurt UAS an seiner Forschung teilhaben.

www.frankfurt-university.de/nachkriegsmoderne

Impressum

Umschlagmotiv: Nils Heck, © Staatstheater Darmstadt

Lektorat: Miriam Seifert-Waibel, Hamburg
Gestaltung und Satz: Daniel Wittner
Lithografie: Stefan Rolle, Leipzig
Gedruckt in der Europäischen Union

Bibliografische Information der Deutschen Nationalbibliothek
Die Deutsche Nationalbibliothek verzeichnet diese Publikation in der
Deutschen Nationalbibliografie; detaillierte bibliografische Daten sind im
Internet über http://dnb.d-nb.de abrufbar.

jovis Verlag GmbH
Lützowstraße 33
10785 Berlin

www.jovis.de

jovis-Bücher sind weltweit im ausgewählten Buchhandel erhältlich.
Informationen zu unserem internationalen Vertrieb erhalten Sie von Ihrem
Buchhändler oder unter www.jovis.de.

ISBN 978-3-86859-691-5 (Softcover)
ISBN 978-3-86859-975-6 (PDF)